das neue buch
Herausgegeben von Jürgen Manthey

Politische Karikatur in der BRD und Westberlin

Rainer Hachfeld
Walter Kurowski
Arno Ploog
Chlodwig Poth
Stefan Siegert
Ernst Volland
Guido Zingerl

Herausgegeben von
Thomas Fecht

das neue buch
rowohlt

Erstausgabe
Veröffentlicht im Rowohlt Taschenbuch Verlag GmbH,
Reinbek bei Hamburg, November 1974

Weitere Hinweise siehe Seite 268

Umschlagentwurf Christian Chruxin und Hans-Gert Winter mit Zeichnungen
von R. Hachfeld, W. Kurowski, A. Ploog, C. Poth, S. Siegert, E. Volland,
G. Zingerl und Klaus Stuttmann
Layout Peter Wippermann
Gesamtherstellung Clausen & Bosse, Leck/Schleswig
Satz Fotosatz Kreuzer, Hamburg
Repros Dürmeyer, Kiel
Printed in Germany
ISBN 3 499 250 59 4

Inhalt

Vorbemerkungen

Die Auseinandersetzung mit der politischen Karikatur

Die Karikatur zählt zu den massenwirksamsten bildnerischen Mitteln. Die vorliegende Dokumentation soll insbesondere Methode und Parteilichkeit der Karikatur sowie die methodischen und technischen Möglichkeiten ihres Einsatzes in der politischen Auseinandersetzung veranschaulichen.

Dokumentiert wird eine parteiliche Karikatur, gezeichnet wird „für die Arbeitenden in diesem Staat". Guido Zingerl schreibt: „Ich kämpfe mit ihnen um mehr Gerechtigkeit, um mehr Recht, um Mitbestimmung, um Sozialismus. Nur so hat meine Arbeit einen Sinn: Sie wird gebraucht, und ich finde neue Inhalte, ein neues Menschenbild, Solidarität. Ich bin parteilich, ich bin kein Zugucker, ich halte nichts von Genie und dem ästhetischen Elfenbeinturm."

Die Studentenrevolte von 1968 in der BRD und Westberlin und die Maiaufstände der französischen Studenten haben dazu geführt, daß sich besonders die massenwirksamen Kulturtechniken alternativ zu der bestehenden Kultur formiert haben. Im Bereich der bildnerischen Mittel sind dies die Fotomontage und die Karikatur gewesen. Neben Broschüren, Aufklebern, Transparenten und Wandzeitungen werden in erster Linie Plakate, Zeitungen und Flugblätter zu ihrer Verbreitung eingesetzt. In der Vermittlung durch die genannten Medien werden letztlich auch ihre Funktionen als politische Karikatur definiert. Karikatur und ihre Wirkung wird von den benutzten Multiplikatoren und deren Zielgruppen entscheidend bestimmt; sie ist allein und ohne ihren politischen Kontext machtlos.

Mit der Entstehung des wissenschaftlichen Materialismus im 19. Jahrhundert in den Anfängen der industriellen Revolution setzt auch die Darstellung des Klassenkampfes in der Karikatur in vollem Umfang ein. Erst die Entwicklung und erfolgreiche Verbreitung eindeutiger gesellschaftstheoretischer Schlüsselbegriffe ermöglichen es der Karikatur, politische Kämpfe als Klassenauseinandersetzungen darzustellen. Schlüsselallegorien der heutigen politischen Karikatur haben sich vor einem gesellschaftstheoretischen Hintergrund entwickelt und nicht aus einem vielbeschworenen Zeitgeist heraus. Was hier begonnen hat, ist die Darstellung einer Klassensituation, die sich in ihren wesentlichen Grundzügen bis heute fortgesetzt hat. Die historisch-materialistische Aufarbeitung des 19. Jahrhunderts in den letzten Jahren hat die notwendige Auseinandersetzung mit der politischen Karikatur unter historischen Aspekten belebt. Die dabei erarbeiteten Grundlagen ermöglichen eine sinnvolle Auseinandersetzung mit der politischen Karikatur von heute.

In diesen historischen Zusammenhängen muß die Karikatur der hier vertretenen sieben Zeichner gesehen werden. Jede Karikatur ist politisch; doch mit diesem Satz kommt man nicht eben weit. Auch der editorial cartoon eines Paul Flora ist, scheinbar wertfrei und indifferent in den Wolken über der Gesellschaft schwebend, sicher ein Politikum. Genauso wie die angeblich unpolitischen „Schmunzelwitze" in den deutschen Boulevardblättern. Der Mythos von der unpolitischen Karikatur hält sich leicht, auch bei den Lachern, denn Karikatur ist auch Kunst, und sie benutzt Witz und Humor. Es geht aber auch um Propaganda und Agitation, um die Parteikarikatur im engeren Sinne.

Unmittelbarer Anlaß für dieses Buch ist eine Ausstellung* mit gleichem Titel in Westberlin gewesen, die auf ungewöhnlich starke Resonanz gestoßen ist. Sie bildet eine wesentliche Grundlage für dieses Buch. Theoretische Ansätze und Literatur gibt es nur wenig auf diesem Gebiet. Wer nun eine fundierte Analyse und präzise theoretische Aufarbeitung der Entwicklung der politischen Karikatur seit den Anfängen der industriellen Revolution bis heute erwartet, wird enttäuscht. Ziel dieses Buches ist in erster Linie eine umfangreiche Materialsammlung und systematisierte Dokumentation; dabei werden Ansätze zu einer Theorie der politischen Karikatur entwickelt. Die bürgerliche Karikatur spielt in diesem Zusammenhang nur insofern eine Rolle, als sie zu einer negativen Abgrenzung von Methoden und Inhalten der hier behandelten Karikatur beiträgt.

Ein Anspruch auf Vollständigkeit wird nicht gestellt und erscheint mir im genannten Zusammenhang wenig sinnvoll. Das Herstellen einer „Vollständigkeit" würde hier wohl eher einem archivarischen Interesse dienen. Andererseits wird die „Unvollständigkeit" gerne als Argument gegen eine parteiliche Dokumentation benutzt.

Bei den hier einbezogenen sieben Zeichnern kann man von einem – wenn auch wenig präzisierten – Selbstverständnis als Gruppe im Sinne einer Aktionseinheit sprechen. Die Auswahl gibt einen repräsentativen Überblick über das Spektrum der massenwirksamen politischen Karikatur der ‚Linken' seit 1968. Der Versuch, einen solchen Überblick auf sieben Zeichner zu personalisieren, erscheint zunächst problematisch. Auf den ersten Blick sollte es beim Versuch einer solchen Zusammenfassung zuallererst um die Sache, nämlich die politischen Inhalte gehen. Als Ausgangsbasis für eine Dokumentation erscheint die politische Öffentlichkeit der Karikatur wichtiger als ihre zeichnenden Urheber. – Eine solche Argumentation geht jedoch an der gesellschaftlichen Wirklichkeit, d. h. den konkreten Arbeitsbedingungen eines parteilichen Karikaturisten vorbei. Das hat zwei Gründe: Erstens bestehen nur vage und wenig konkrete Vorstellungen von den tatsächlichen Einsatzmöglichkeiten eines politischen Zeichners. Zum zweiten wird die materielle Situation, wie z. B. der Lebensunterhalt eines Zeichners, kaum oder überhaupt nicht gesehen und in eine solche Argumentation mit einbezogen.

Die Arbeitsbedingungen eines politischen Karikaturisten erfordern den „Aufbau eines ‚Namens'. Um wieder machen zu können, ‚was man will', muß man ein Star werden, wie bei jeder anderen Art Hure auch", schreibt Stefan Siegert in seiner Stellungnahme, auf die ich in diesem Zusammenhang verweise. Der Bekanntheitsgrad seines Namens und damit des für ihn typischen Strichs und der von ihm entwickelten Figur etc. ist für einen Zeichner nicht nur Gradmesser seiner Wirksamkeit, sondern auch existentielle Grundlage. Ein gutes Beispiel dafür ist das Phänomen „Loriot". Die Figur und sein Name Loriot gehören zusammen, Loriot kennt man, Loriot gehört zur Familie und Loriot ernährt seinen Zeichner. Auch ein politischer Zeichner ist auf diesen Mechanismus angewiesen. Der Zwang zum „Markenzeichen" – und damit zur Individualisierung – wird jedoch nicht nur von den Arbeitsbedingungen ausgeübt, sondern er muß auch als eine dem Wesen des Karikierens immanente Notwendigkeit begriffen werden. Eindeutiges Erkennen der Zeichen und Identifikationsprozesse sind die grundlegenden psychologischen Mechanismen bei der Rezeption von Karikatur. Je bekannter das „Markenzeichen" eines Zeichners ist, je schneller und eindeutiger es erkannt werden kann, desto wirksamer ist seine Karikatur. Diesem Mechanismus ist nicht nur die Form unterworfen, sondern in noch viel stärkerem Umfang das Zeichen (Pictogramm), das Symbol und die Allegorie bzw. deren Inhalte.

Dies vermittelt das Buch in Kurzbiografien und persönlichen Stellungnahmen der Zeichner zur eigenen Arbeit und Entwicklung. Diese Selbstdarstellung ist im Rahmen der Dokumentation allen Beteiligten sinnvoll erschienen. In der vorliegenden Form ist das Buch nur durch die intensive Zusammenarbeit mit den Zeichnern ermöglicht worden; es versteht sich als ein Beitrag zur bislang vernachlässigten Auseinandersetzung mit der politischen Karikatur.

---

* „Politische Karikatur in der BRD" kann als Leihausstellung angefordert werden über: Elefanten Press Galerie, 1 Berlin 36, Dresdner Straße 10. Telefon 0 30/6 14 77 04

US-IMPORT-EXPORT

Rainer Hachfeld

geb. 1939 in Ludwigshafen, seit 1952 in West-Berlin

Politische Karikaturen zeichne ich regelmäßig seit der Bundestagswahl 1965. Ähnliche Arbeiten - Bühnenbilder, Plakate und Programmheftillustrationen für politische Kabaretts, aber auch „unpolitische“ Cartoons - hatte ich schon gemacht, seitdem ich 1960 die Meisterschule für das Kunsthandwerk in West-Berlin verließ, wo ich neun Semester die Fächer Bühnenbild und Trickfilm studiert hatte. Ein Jahr lang lebte ich in Paris als „freier Maler“ und Musiker. Mit der Malerei habe ich nichts mehr im Sinn, nachdem ich Anfang 1961 meine etwa 45 Ölbilder - die Ausbeute eines ganzen Jahres - von den Keilrahmen schnitt und in Pariser Mülltonnen versenkte. - Mein Tenorsaxophon habe ich allerdings heute noch.
In der Werbung habe ich auch mal gearbeitet: zweieinhalb Jahre bei Ufa-Bertelsmann in Düsseldorf - schrecklich!! Beim ‚Spandauer Volksblatt‘, zu dem ich dann kam, flog ich nach einem halben Jahr raus. Ich war nicht der einzige. Mit den ebenfalls gefeuerten oder freiwillig ausgestiegenen Kollegen vom ‚SpaVo‘, zu denen noch einige aus Rudolf Augsteins eingestellter Wochenzeitung ‚Heute‘ stießen, machte ich 1967 die Anti-‚Bild‘-Zeitung ‚Berliner EXTRA-Blatt‘, aus dem später der ‚Berliner EXTRA-Dienst‘ (ED) hervorging, der noch heute mein Hauptarbeitsfeld ist. 1971 ging ich auf Einladung politischer Freunde mit 45 antiimperialistischen Lateinamerikakarikaturen nach Caracas, Venezuela. Seitdem haben meine Zeichnungen in Lateinamerika eine ziemliche Verbreitung, vor allem durch linksoppositionelle Blätter wie ‚Punto‘, ‚Bandera Roja‘, ‚Almargen‘ und ‚Reventon‘ (Venezuela), ‚Punto Final‘ (vor dem Putsch in Chile) und die cubanische Presseagentur Prensa Latina, die meine Arbeiten in praktisch alle lateinamerikanischen Staaten „vermittelt“. Aber auch in ‚Guardian‘, ‚Black Panther‘, ‚Muhammad Speaks‘ und anderen US-Zeitungen sind meine Zeichnungen aufgetaucht, ohne daß ich weiß, wie sie dahingelangt sind. Hier arbeite ich eigentlich nur für den ED und für DKP-Betriebszeitungen (von gelegentlichen Auftragsarbeiten anderswo einmal abgesehen). Aber auch hier werde ich nachgedruckt, d. h. die Genossen von Halb- bis Ultralinks klauen mit Vorliebe meine Vignetten aus dem ED und funktionieren sie je nach ihrer politischen Linie um (was oft nicht einmal nötig ist, wenn man sie aus dem textlichen Zusammenhang nimmt). So hatte ich die Ehre, in so hervorragenden Elaboraten wie ‚Info‘ (Jusos), ‚Befreiung‘ (Anarchos), ‚Betriebsreport‘ (GIM), ‚links‘ (Soz. Büro), ‚Kommunist‘ (DKP), ‚Amos‘ (?), ‚Der Metzker‘ (?) und anderen vertreten zu sein. Übrigens: Nachdruckhonorare gibt's so gut wie nie, mit einer Ausnahme: seit ich 1972 in Leipzig eine Ausstellung hatte, werde ich auch in der DDR nachgedruckt, was honoriert wird.

Die „Verwertbarkeit" meiner Karikaturen *

Die „Verwertbarkeit" meiner Karikaturen liegt vielleicht gerade daran, daß ich nicht „aufklären" oder „plausibel machen" will. Denn was hier mit „Aufklärung" gemeint ist, zeigt ein Blick in die Presse, aus der solche Forderungen stammen. Hier steht der Karikaturist ohne parteiliches Engagement „über den Dingen". Er tut niemanden weh, sondern zeigt aus göttlicher Perspektive entweder, was für finstere Mächte die Politik beeinflussen oder daß die Politik doch immer wieder eine lustige Sache ist. Für mich ist die Karikatur Agitation und Propaganda. Und wenn sich die feinsinnig-bürgerliche Kritik davor ekelt, sehe ich auch darin einen Erfolg. Nun behaupte ich natürlich nicht, selbst kein bürgerlicher Karikaturist zu sein. Brecht schrieb 1940 in seinem Arbeitsjournal: „wir mögen die sache des proletariats zu der unsrigen machen, wir mögen sogar für eine gewisse zeitspanne die dichter des proletariats sein - dann hat eben das proletariat in dieser zeitspanne bürgerliche dichter, die für seine sache eintreten. wir wiederum mögen uns sagen, daß es weder ein vorteil noch ein verdienst ist, proletarier zu sein, und daß der kampf darum geht, aus dem antlitz der menschheit alle proletarischen züge auszutilgen - dennoch zeigen wir begrenzungen und schwächen unserer klasse, die uns zu kritisch zu betrachtenden mitkämpfern machen." (5. 8. 40) Für mich gelten diese Sätze (wenn man ‚dichter' durch ‚karikaturisten' ersetzt) vor allem für meine Arbeit in Lateinamerika und die karibischen Inseln, wo ich ein proletarisches Publikum erreichen kann. Bei uns geschieht das allenfalls durch die Arbeit in den Betriebszeitungen. Durch den ED erreiche ich mehr oder weniger Sympathisanten, die sich zwar zu 83% (Leserumfrage) an meinen Karikaturen erfreuen, die man aber kaum noch zu agitieren braucht (auch nicht agitieren kann). Politische Plakate, die ich hin und wieder zu bestimmten Anlässen mache, haben vielleicht eine größere Wirkung, manchmal allerdings auch eine unbeabsichtigte: rund 30 000 DM Prozeßkosten wegen eines Anti-Strauß-Plakats.

Leserliebling: „ED-Ratte"

---

* Siehe auch Interview in „tendenzen" Nr. 83, München 1972

Prozeß Strauß/Hachfeld
Einer der erfolgreichen Anträge an das Landgericht München I „in Sachen Dr. h. c. Franz Josef Strauß gegen Hachfeld", hier wegen „Unterlassung". Kosten der aktenstarken Prozeßlawine: 30 000,– DM. Das Corpus delicti: Plakat*, DIN A 2, zweifarbig, „Sammlungsbewegung zur Rettung des Vaterlandes" (Titel).

Rechtsanwälte
Dr. Günther Ossmann
Helmut Kreiner
8 München 15, Lindwurmstraße 139 a
Ecke Zenettistraße - Telefon 77 00 51 / 52
Dr. Ossmann: Postscheck München 110782
RA. Kreiner: Postscheck München 1567 72

An das
Landgericht München I
- 5. Zivilkammer -
8000 München

3. 5. 1971
7685 I/V

Anträge

der Rechtsanwälte Dr. Günther Ossmann und Helmut Kreiner, 8 München 15, Lindwurmstr.

in Sachen

Dr.h.c. Franz Josef Strauß

gegen

1) Hachfeld Rainer
2) Verlag u. Redaktion Extra Dienst

wegen Unterlassung

Aktenzeichen: 5 O 669/70

In oben bezeichneter Sache dürfen wir die Klagsanträge präziser formulieren, die wie folgt lauten:

I. Die Beklagten sind schuldig, bei Meidung einer Geldstrafe in unbeschränkter Höhe oder Haftstrafe bis zu 6 Monaten für jeden Fall der Zuwiderhandlung - bei der Beklagten zu 2) zu

- 2 -

- 2 -

vollziehen an ihren Geschäftsführern - es zu unterlassen, das unter der Überschrift "Sammlungsbewegung zur Rettung des Vaterlandes" bei der Beklagten zu 2) erschienene Plakat mit einer den Kläger darstellenden, ~~Karikatur~~ vom Beklagten zu 1) gefertigten Karikatur anzupreisen, zu verbreiten und/oder zu veräußern.

II. Die Beklagten haben samtverbindlich die Kosten des Rechtsstreits zu tragen bzw. zu erstatten.

III. Der Streitwert wird auf DM 100.000.-- festgesetzt.

gez. Dr. Ossmann

Dr. Ossmann
Rechtsanwalt

Für d[illegible]

* Siehe:
„DER SPIEGEL", Nr. 44, 24. Jhg., Seite 127 (Köhler-Kasten), Hamburg 1970, und „tendenzen", Nr. 83, 13. Jhg., Seite 31ff, G. Forberg „Karikatur und Justiz – jeweils ‚gesinnungsmäßig'", München 1972.

Diese Plakate mit Karikaturen oder Karikaturen als Plakate entstanden und entstehen entweder in Zusammenarbeit mit der ED-Redaktion (Straußplakat, Olympiaplakat, Plakat zur Bundestagswahl 72 u. a.) oder für politische Gruppen. Ich habe eigentlich noch nie ein Plakat gemacht, das nicht zu ganz bestimmten auch zeitlich begrenzten Aktionen gedacht war, also nichts für einen Poster-Shop Geeignetes. Plakate mit Karikaturen haben eine stärkere Signalwirkung als Foto-, Schrift- oder Grafikplakate, sind dafür aber kurzlebiger; man hängt sie sich seltener an die Wand – es sind eben keine „schönen" Plakate, ebensowenig wie meine Extra-Dienst-Vignetten „schöne" Karikaturen sind im Hinblick auf zeichnerische Finessen und Durchgestaltung. Das liegt unter anderem an der Arbeitsweise im ED: Ich zeichne quasi vom Schreibtisch in die Druckmaschine, oft ohne genügend Zeit zum Nachdenken. Zweimal in der Woche, jeweils an den Herstellungstagen des ED, komme ich morgens in die Redaktion, lese mir die zur Veröffentlichung bestimmten Artikel durch, die ich dann sofort „illustriere". Der für das Layout verantwortliche Redakteur klebt meine Zeichnungen zusammen mit den abgesetzten Texten in die Offsetform und etwa drei Stunden später halten wir das fertig gedruckte Endprodukt in den Händen. Es ist klar, daß bei dieser Arbeitsweise nicht jede der Mini-Karikaturen ein Treffer sein kann. Ich bin oft froh, wenn unter zehn Vignetten zwei so gelungen sind, daß sie mehr darstellen als nur einen „Leseanreiz" oder ein Füllsel. Ein großer Vorteil in der redaktionellen Arbeit liegt in dem breiten Informationsfluß, der uns täglich neu durch Zeitungen und Zeitschriften aus West-Berlin, der BRD, der DDR, dem sozialistischen und kapitalistischen Ausland und zwei Pressedienste erreicht. Dieses Informationsmaterial kann sich eine Privatperson einfach nicht leisten. So stellte ich, als ich das erste Mal nach Venezuela kam, fest, daß die Lateinamerikablätter, die ich mitgebracht hatte, noch sehr allgemein gehalten waren, meinem damaligen Informationsstand über diesen Kontinent entsprechend. Das hat sich durch Reisen innerhalb Venezuelas, nach Mexico, Guayana, Trinidad und vor allem Cuba inzwischen geändert. Aus Venezuela und Cuba beziehe ich regelmäßig Informationsmaterial, und vor allem die Zusammenarbeit mit MAS, der „Bewegung zum Sozialismus", Venezuelas führender Linkspartei, hat mir geholfen, die Problematik dieser Länder besser zu kapieren. Schon bei meiner zweiten

Ausstellung in Caracas waren Blätter dabei, die voher, in West-Berlin ausgestellt, auf Unverständnis stießen, in Lateinamerika aber immer wieder nachgedruckt wurden.* Oft werde ich gefragt, warum ich nicht nach Süd- oder Mittelamerika übersiedle und dort bleibe. Zur Zeit kommt mir meine Arbeit dort effektiver vor als die hiesige. Aber andererseits kann ich aus dieser Arbeit auch für hier lernen; und auch von West-Berlin aus kann ich die revolutionären Bewegungen dort mit meiner Arbeit unterstützen, z. B. in der Chile-Solidarität und durch meine Arbeit in der Freundschaftsgesellschaft West-Berlin-Kuba. Abgesehen davon: ich muß hier noch einmal wiederholen, daß ich den Einsatz und den Wirkungsgrad der politischen Karikatur, selbst der parteilichen linken Karikatur, der ich mich verpflichtet fühle, nicht überschätze. Diese Arbeit kann nur eins von vielen Hilfsmitteln sein, die in der täglichen politischen Kleinarbeit eingesetzt werden müssen. Isoliert von politischer Arbeit, wird die Karikatur zur L'art pour l'art, auch wenn sie noch so „politisch" gemeint sein mag. Als ein auf sich selbst gestelltes Kampfmittel ist die Karikatur zu schwach.
Abschließend noch eine Bemerkung zur Frage: „Wie kann der Kerl sich leisten, jedes Jahr nach Lateinamerika zu fliegen?" – In Caracas gibt es eine kleine Galerie, die fast ausschließlich politische Arbeiten zeigt und verkauft. Durch diesen Verkauf, dem die Veröffentlichung meiner Arbeiten durch Kataloge und in der Presse vorausgeht, kann ich meinen Flug bezahlen. Den Aufenthalt im Land finanzieren mir Freunde. Auch in Deutschland könnte ich von meiner Arbeit als Karikaturist nur mit größten Schwierigkeiten existieren. Hier hilft mir mein Nebenberuf als Autor für das Kindertheater, eine Arbeit, die ich durchaus auch politisch verstehe.

Rainer Hachfeld
West-Berlin Juni 1974

* siehe dazu Seite 16 + 17

Auszüge einer Ausstellungsbesprechung
in „Ultimas Noticias", Caracas, Venezuela 1972
(Siehe Abbildungen Seite 32 bis 39)

„Die Sorge um Formalismen und die ‚künstlerische Reinheit' bleibt von vorneherein ausgeschaltet. Eine Qualität, die nicht immer bei politischen Karikaturisten zu finden ist, die sich im allgemeinen bemühen, Geschmack und Schönheit in Form und Linie zu bewahren, oft zum Nachteil der politischen Aussage. Die Unbekümmertheit um solche Äußerlichkeiten ist ein typisches Merkmal von Hachfelds Zeichnungen. So ist es völlig unbedeutend, daß manchmal gewisse Härten in der Linienführung und flüchtig gestaltete Details auftauchen, denn sie berühren die große Klarheit, mit der die Zeichnungen ‚sprechen', in keiner Weise. Hachfeld benötigt zu seinen Karikaturen keine Texte, denn sie sind von einer Eindeutigkeit und Schärfe, die jedes Wort überflüssig machen. Alles Oberflächliche und Unwichtige wird ausgeklammert. Rainer Hachfelds antiimperialistische Blätter denunzieren die nordamerikanische Politik der gewaltsamen Unterdrückung, der Ausbeutung und der bewaffneten Aggression. Die Rebellion der schwarzen Amerikaner ist ein weiteres bevorzugtes Thema des Künstlers ebenso wie die der lateinamerikanischen Völker und der gesamten ‚Dritten Welt'. Die Zeichnungen, deren beste zu den grausamsten gehören und den Schwarzen Humor berühren, sind von politisch-kämpferischer Aggressivität. Sie repräsentieren eine revolutionäre Position."

Paran Erminy, Kunstkritiker

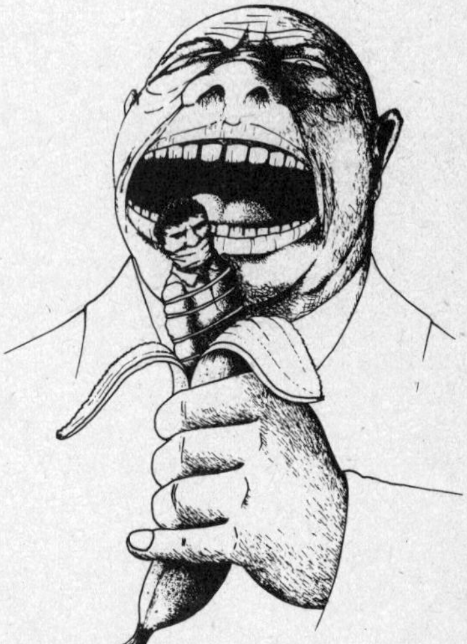

¡ QUE BOCADO !

Der Rohrspatz als Aufklärer

Karikaturen und politische Plakate von Rainer Hachfeld

Ein neuer George Grosz ist er nicht. Immerhin gibt er dem „Extra-Dienst" das grafische Gesicht, jener linken Postille, die mit angeschnallten ideologischen Scheuklappen durch unsere Neu-Berliner Landschaft galloppiert, nicht eben ein seriöses, doch aber ein aufmüpfiges Blatt, das mit einiger Sympathie wohl auch von liberaler Seite rechnen kann. Fotos finden sich im „Extra-Dienst" nur selten, dafür sind Rainer Hachfelds sarkastisch grobe Karikaturen für ihn zu einer Art von Markenzeichen geworden. So etwas sollte man nicht unterschätzen.

Ob es freilich genügt, um die gesammelten politischen Karikaturen und Plakate aus den Jahren 1968 bis 1972 auszustellen? Mit Hachfelds zeichnerischem Können ist es nämlich nicht weit her, und mit seinem Erfindungsreichtum ebenso wenig. Da wird auf derbe Weise geschimpft und gezetert (statt aufgeklärt oder plausibel gemacht, was die Aufgabe politischer Karikatur, auch der linken, sein sollte). Der Berliner Bär wird zum Schwein, das West-Berlin als Misthaufen ausstößt; die amerikanische Flagge besteht in ihren Streifen aus giftigen Nattern; ein US-Tourist hat ein Gesicht, wie man so etwas gewöhnlich in der Hose trägt, und er fotografiert einen armen Indio, der statt eines Kopfes eine geballte Faust unterm breitkrempigen Hut hervorblikken läßt: Simple Demagogie, die nur denjenigen erheitert oder zum Applaus verleitet, der ohnehin Hachfelds Parteigänger ist. Da wird weder differenziert noch auf den wirklichen oder vermeintlichen Feind eingegangen (was man von Marxisten eigentlich verlangen könnte). Künstlerisches Unvermögen läßt sich jedoch niemals und unter gar keinen Umständen durch stramme Gesinnung ersetzen. Und nicht jeder, der sich mit dem Zeichner solidarisierte, als ihm Franz Josef Strauß, neben Nixon sein Lieblingsopfer, mit überhöhten Prozeßkosten die kritische Äußerung unmöglich zu machen trachtete, wird nun auch das ganze einseitige, unsachliche, niemals um Charakterisierung bemühte, in seiner Fäkaliensprache bald auch abstoßende Geklotze schlukken wollen.

Zudem gelingt es Hachfeld nie, aus den vorgefertigten Uralt-Klischees auszubrechen. Der Arbeiter trägt nach wie vor eine Proletenmütze und der Kapitalist gestreifte Stresemannhosen, was alles in den zwanziger Jahren der Fall gewesen sein mag; aber wir leben doch nicht mehr in den zwanziger Jahren. Daß es nicht möglich war, für veränderte Verhältnisse auch veränderte karikaturistische Formeln zu finden, ist das größte Armutszeugnis. Man muß es Hachfeld leider ausstellen.

Er verdirbt sich zudem meist selbst die Ideen, die er hat. Da schiebt sich jemand eine Marken-Banane in den Mund, und bei der Banane mit dem blauen Aufkleber handelt es sich in Wirklichkeit um einen unterprivilegierten, ausgebeuteten südamerikanische Plantagenarbeiter — ihm, soll da gesagt werden, beißt der Verbraucher in Wirklichkeit den Kopf ab. Der Abbeißer freilich, der müßte wie wir alle aussehen. Statt dessen gibt Hachfeld ihm eine fürchterliche Fratze, mit der sich nun doch keiner identifizieren wird. Erfolg die Karikatur zeigt wieder einmal, wie böse die anderen sind. Man selbst geht unverletzt (und unbeeindruckt) von dannen.

So werden diese satirischen Zeichnungen, die die Neue Gesellschaft für bildende Kunst als erste Ausstellung eines ihrer Mitglieder präsentiert, weder Andersdenkende überzeugen noch in ihrer plumpen Agitation auch nur eine Kleinigkeit zur politischen Auseinandersetzung beitragen können. Merke: der Rohrspatz ist ein schlechter Aufklärer.

Heinz Ohff

(Neue Gesellschaft für bildende Kunst Berlin, Hardenbergstraße 9, bis 30. September; täglich außer Sonntag 11—18 Uhr)

Aus „Tagesspiegel" 21. 9. 1972

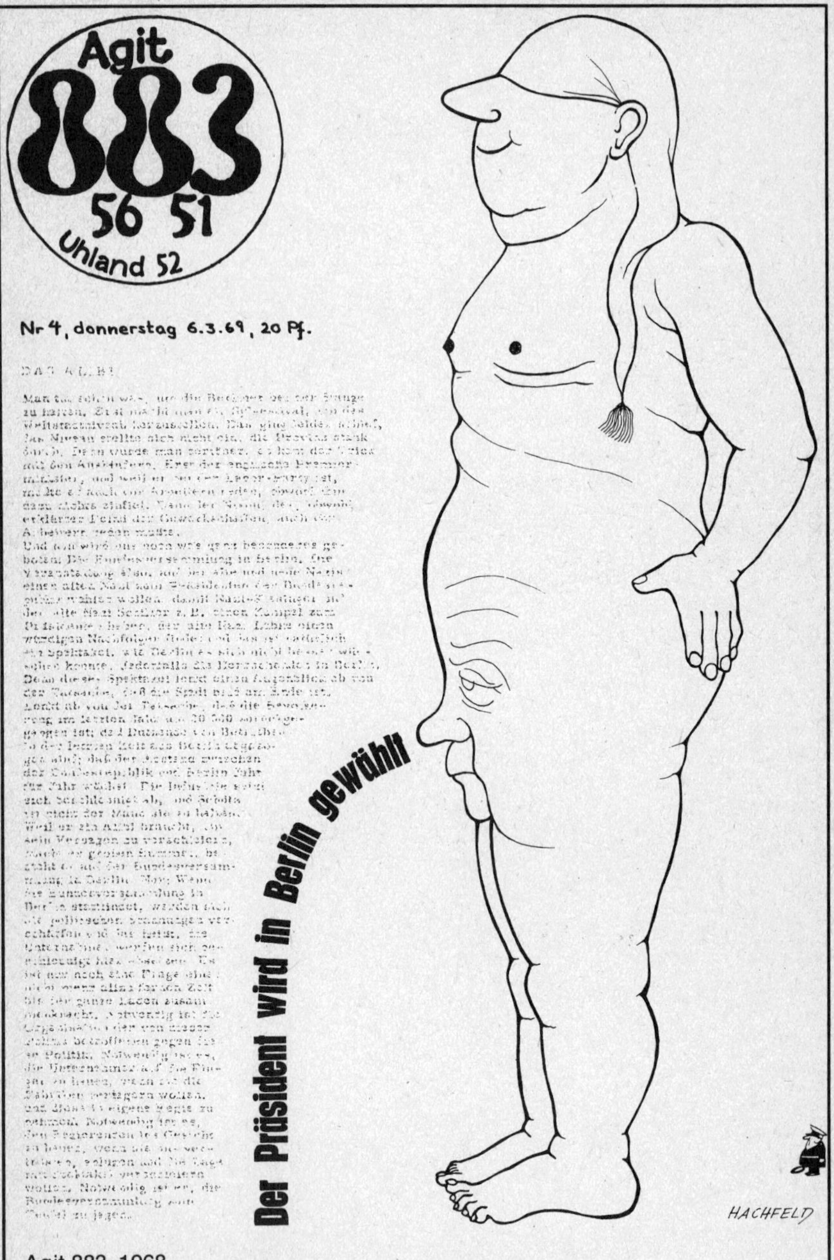

Agit 883, 1968

HÄNSEL UND GRETEL in der Version des Brüder-Grimm-Preisträgers Rainer Hachfeld. Hachfeld erhält von Wissenschaftssenator Stein den Brüder-Grimm-Preis am heutigen Sonnabend und zeichnete dazu diesen EXTRA-Dienst-Poster.

Beilage des „ED", 1969

Hachfelds Beitrag zum Wettbewerb der Zeitschrift „petra", „Bekannte Karikaturisten zeichnen den Weihnachtsmann", Dezember 1970

Plakat 1970

Plakat für die „Union für eine demokratische und freie Türkei", 1971, zweifarbig

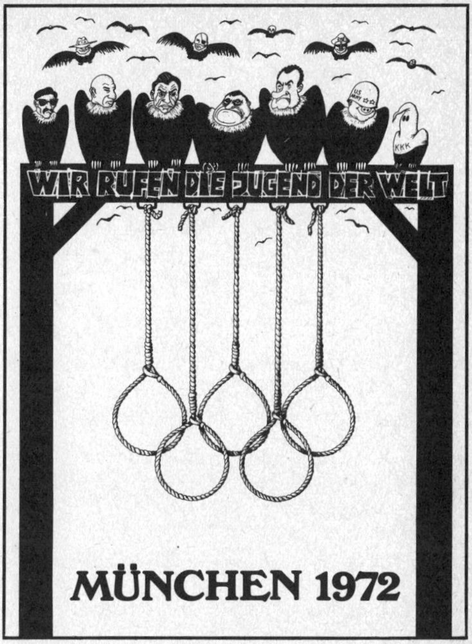

Plakat 1972

Plakat zum Wahlkampf 1972

Hachfeld Beitrag zur „Straußmappe", 1972

Rainer Hachfeld, 1972.

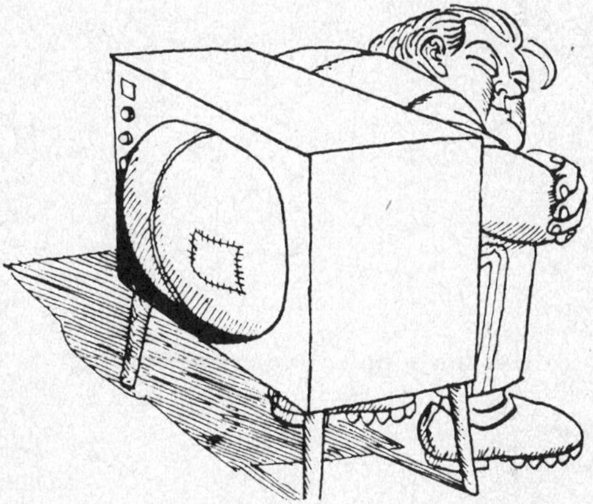

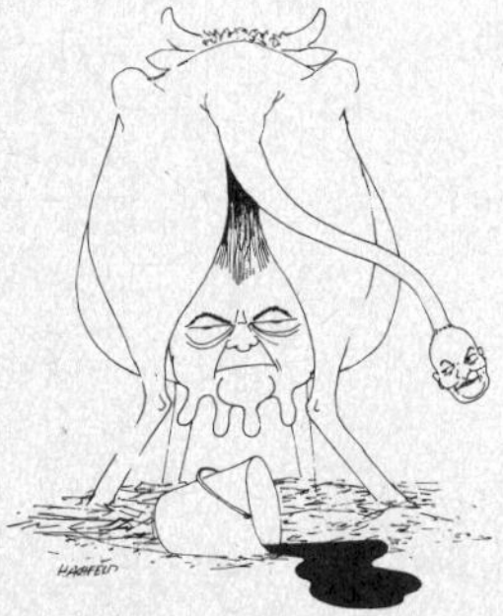

Karikaturen aus „berliner EXTRA dienst“

STRAUSS ÜBER TIERE:

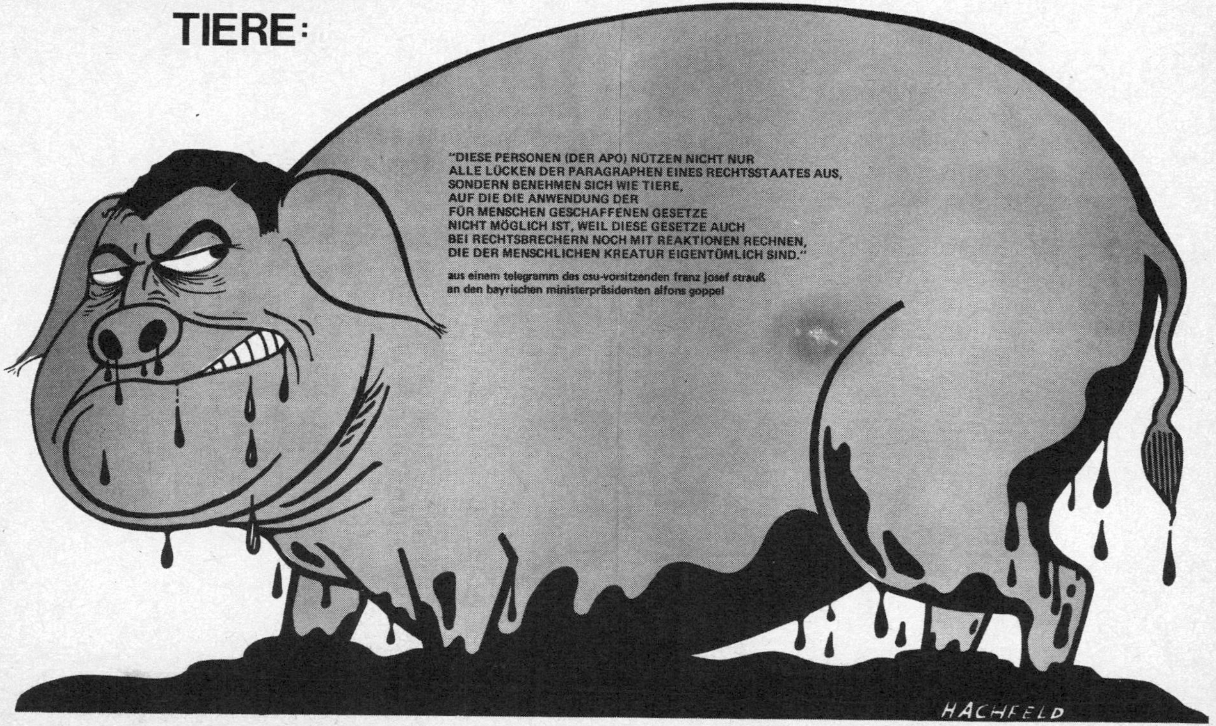

berliner EXTRA dienst

Die Zielgruppe

Leserumfrage des „ED" im März 1974

Studenten (Uni/2. Bildungsw.)	36,2%
Schüler/Lehrlinge	3,3%
kaufmännische Angestellte	8,3%
Arbeiter	7,7%
technische Angestellte	5,6%
soziale Berufe	5,4%
Beamte	4,6%
Lehrer an allen Schulen	9,5%
Professoren/Assistenten	6,0%
Journalisten	5,4%
Künstler, Selbständige	5,9%
Pfarrer	1,1%
Hausfrauen	0,6%
Rentner	0,4%

Diese Auswertungen belegen: ED ist kein „Studentenblatt"; die „Feinauswertung", die noch nicht abgeschlossen ist, zeigt zudem, daß ED hauptsächlich von solchen Studenten gelesen wird, die sich bereits im fortgeschrittenen Studium befinden und eine deutliche Berufsperspektive haben. Ferner: Unsere Auffassung, daß ED relativ häufig von sogenannten „Multiplikatoren" gelesen wird (von Lesern also, die die gewonnenen Informationen nicht nur für sich selbst behalten, sondern sie vor allem in ihrem Beruf auswerten), hat sich bewahrheitet. Es sind vor allem zu nennen: Pädagogen, Journalisten, soziale Berufe.

In der Auswertung scheinen einige Berufe, vor allem jene, die zu den Multiplikatoren zählen, unterrepräsentiert. Journalisten etwa neigen nicht gerade dazu, Fragebogen zu beantworten.

EXTRA-Dienst-Leser gibt es in allen Berufen. Daher dürfte die Annahme richtig sein, daß nicht so sehr der Beruf und der Arbeitsplatz, sondern vielmehr das politisch-gesellschaftliche Engagement das Interesse am ED bestimmt.

Der Einsatz von Cartoons und Fotos

Ob wir im ED Fotos oder Zeichnungen von Rainer Hachfeld drucken, ist keine formale Entscheidung, sondern eine politische. Hachfeld ist Redaktionsmitglied und „zeichnet Kommentare". Fotos haben wir freilich immer dann verwendet, wenn sie als Dokument der Zeit einen uns hoch erscheinenden informativen Wert hatten. Das journalistische Mätzchen: „Hier muß noch ein Bild hin", haben wir jedoch nie nachvollzogen. So wird es auch bleiben, und unsere Leser billigen dies.

Werden Fotos im ED vermißt: Nein 84,8%, Ja 15,2%

Die Cartoons von Rainer Hachfeld im ED haben intime Freunde und intime Feinde. Die ersteren überwiegen jedoch bei weitem:

Cartoons gefallen: Ja 83,6%, Nein 13,9%, keine Meinung 2,5%

248 Leser (11,9 Prozent) vermerken zusätzlich eine „überaus positive Einstellung" zu unseren Cartoons. Am witzigsten wird häufig die ED-Ratte empfunden.

„ED“ Titelblatt
vom 19. Oktober 1973

berliner EXTRA dienst

Nr. 84/VII
19. Okt. 1973

Einzelpreis: DM 1,20
Monatsabo: DM 6,–

A4741B

Santiago: Reportage aus dem Leichenschauhaus ★ SEITE 18

Sie planten den Putsch: Die Liste der CIA-Agenten ★ SEITE 15

Erscheint jeden Dienstag und Freitag in Westberlin

CDU LÄDT PUTSCHISTENFREUNDE AUS CHILE ZUM PARTEITAG (SEITE 26)

Hessische US-Einheit färbt Autos sinai-gelb LESEN SIE SEITE 2

LESEN SIE SEITE 21 **ED-REPORT: ERFAHRUNGEN AUS MAILAND**

SPD-Ausschluß für Regensburgs Ex-Rektor? SEITE 6

Zu einem Interview
mit H. Wieczorek-Zeul

HUCH!!
JUSO

DIE WELT

Bild

OIL
100

OIL
OIL

Wie Springer mit „Porno" Fotos von Willy Brandt hausiert

KRIMINALITÄT IN WESTBERLIN MEHR ALS DOPPELT SO HOCH WIE IM BUNDESGEBIET

Nach Mitteilungen des Bundeskriminalamtes sind im Jahre 1972 im Bundesgebiet 2 391 870 Straftaten bekanntgeworden; in Westberlin waren es 180 660 Straftaten. Umgerechnet auf 100 000 Einwohner (Fachjargon: Häufigkeitszahl) wurden in der BRD 4 013, in Westberlin jedoch 8 717 Straftaten gezählt. Die außergewöhnlich hohe Kriminalität Westberlins ist mit der in westlichen Großstädten allgemein höheren Kriminalität nicht ohne wei-

teres zu erklären. So rangieren etwa die Hafenstädte Hamburg mit 7 735 und Bremen mit 7 805 Straf-

GESELLSCHAFT

SIGRID KRESSMANN-ZSCHACH: GRUPPENBILD MIT DAME

Von Martin Buchholz

Aus dem „ED" 1973/74

Plakat, zweifarbig, 1970

Aus dem Diavortrag „Freddy Klass“, anläßlich der Kulturtage West-Berlin, 1973 – Texte von H. Tomayer

Plakat, zweifarbig (Flagge rot), 1974

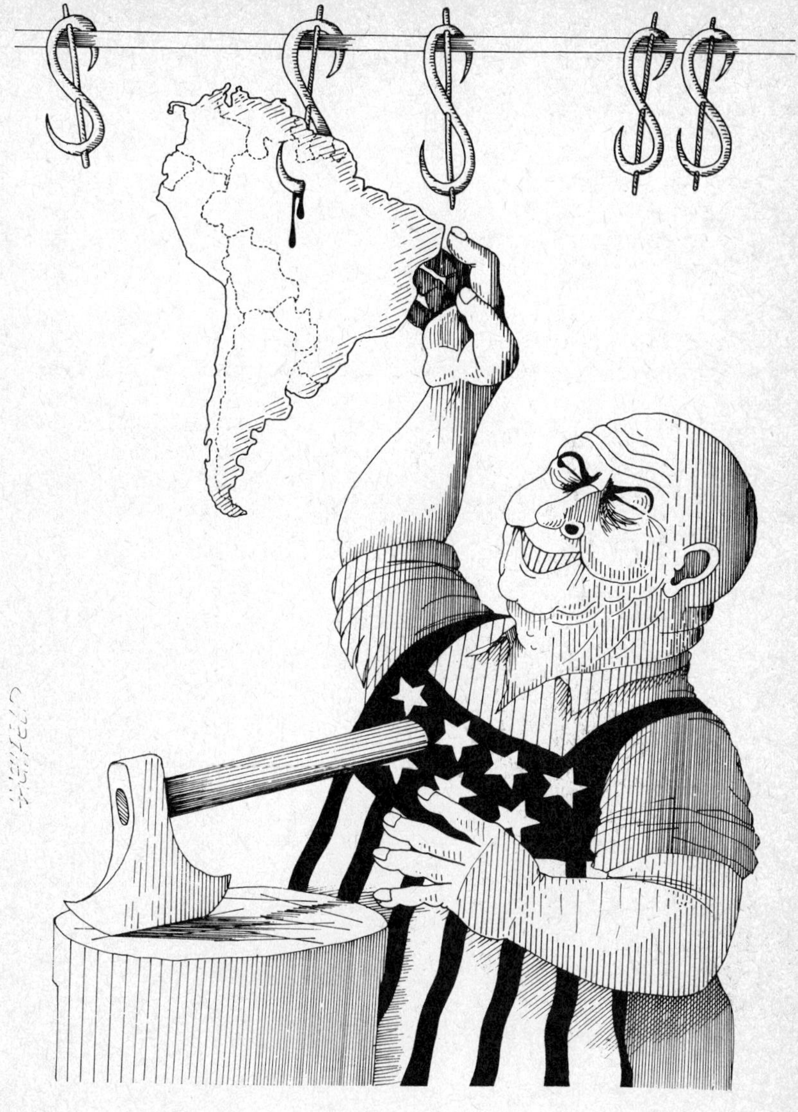

US Import Export

Die folgenden Abbildungen zeigen Arbeiten einer Ausstellung in Caracas, Venezuela, 1971

US Import Export

Yankee Go Home

Sugar Cane Cutter

Last Breakfast

United Fruit

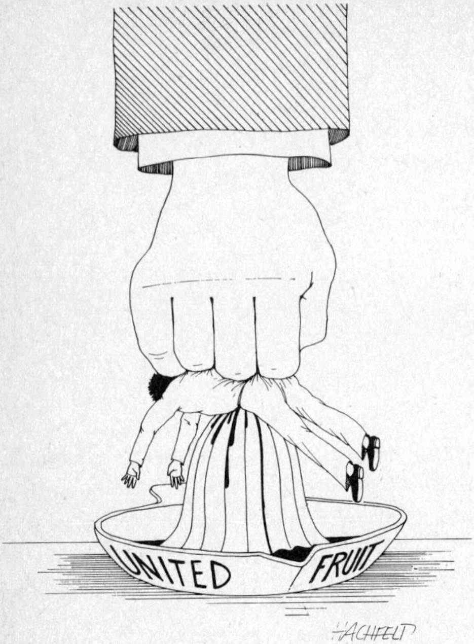

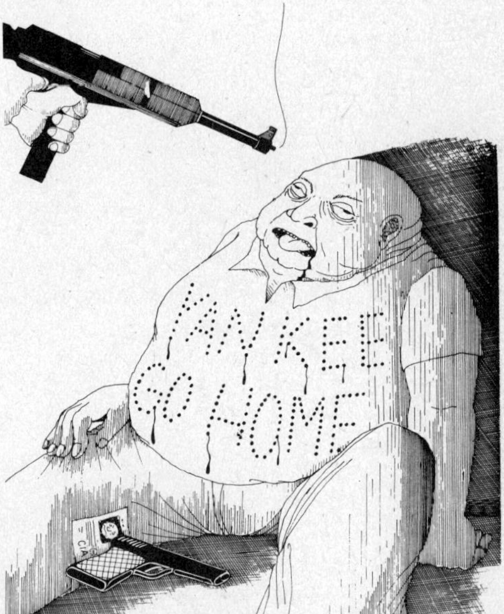

Yankee Go Home

Statue Of Opression

HACHFELD

Stars And Stripes

coctel oso negro

Die Zeichnungen auf Seite 38/39 entstanden anläßlich einer Ausstellung in Mexico-City, 1973

LA OFERTA.

PASO EN FALSO.

MATAR AL BUITRE. - 15 -

CULO EXPLOSIVO.

Walter Kurowski

Walter Kurowski, geb. 1939 in Kettwig. Vater war Schreiner und Kommunist. Im Gymnasium gescheitert. „Dein Vater ist doch Handwerker, lern einen ordentlichen Beruf." Zufällige Berufswahl, der Onkel kennt „Grafikermeister". Vater: „Du sollst einen Beruf lernen, in dem du es leichter hast als ich." Da ich in ‚Kunst' eine Eins hatte, lag ein Beruf, in dem man zeichnen muß, nahe. Also Grafiker. Nur: Der Grafikermeister war Graveur. Und so lernte ich die bundesdeutsche Berufsausbildung kennen. Vom Klo, das ich putzen, von den Hühnern und Kaninchen, die ich schlachten, bis zum Bier, das ich holen mußte. Fegen, Radfahren, Einkaufen, Ofenstochern, Dachdecken, Gartenarbeit; schlechterdings alles, was dazugehört. Mit sechzehn Jahren wurde das Lehrverhältnis gelöst.
Es folgte ein Studium an der Folkwangschule für Gestaltung. 1960 entstehen erste politische Arbeiten für Betriebszeitungen, Atomwaffengegner, Ostermarsch, DFU sowie Lithografien zu Brecht, Tucholsky, Gorki und Puschkin. 1960 Folkwang-Leistungspreis für Grafik; Abgang 1961: viel studiert, nichts gelernt außer Ästhetik. Dann Hauskünstler (Dekorateur, Maler, Grafiker) bei einem VW-Händler. 1964 entsteht eine erste Reihe Lithografien zu Vietnam u. a. politischen Themen. Gründung einer Band, Auftritte bei Gewerkschaften, SDAJ, DKP, Jusos, VDS, Kontakte zur Lehrlings-AG in Essen, ein Verein zur Förderung Politischer Bildung K 14 e. V. entsteht. Der Kneipentreffpunkt mit Ausstellungen, Theater und Diskussionen, ab 1972 Fabrik K 14, wird zu meiner Basis.
Durch Karikaturen in Juso-Infos werden meine Arbeiten bekannter, Mitarbei beim „Rhein-Rhur-Spiegel". Ich zeichne Titel und Karikaturen und mache das Layout. Ich avanciere zum „Juso-Hausgrafiker" („Spiegel") und werde finanziell abhängig. Mit der Wahl eines neuen Juso-Landesvorstandes werde ich „kaltgestellt" (linke Grafiken gemacht, Kühn tritt Dannemeyer in den Hintern, Börner beißt Juso-Sekretär). 1973 ist der Lernprozeß abgeschlossen, ich habe die Jusos durchschaut, die Jusos haben mich durchschaut, Austritt aus der SPD.

Ich zeichne und mache Plakate für VDS, SDAJ, DKP, SHB, Gewerkschaften, Naturfreunde, Chile-Komitee etc. Seit fünf Jahren Arbeit in der Erwachsenenbildung an der Volkshochschule: Malen, Zeichnen, Gestaltungslehre und Aktzeichnen. Für kürzere Zeit auch Arbeit als Kunsterzieher an der Gesamtschule Oberhausen und Lehrbeauftragter an der Fachhochschule Bielefeld. Einmal in der Woche fahre ich zur Redaktionskonferenz einer sozialistischen Tageszeitung („uz").
Ich erfahre die aktuellen Probleme, kann Fragen stellen, diskutieren und schlage dann Karikaturen vor, die ich sofort zeichne.
Ich maße mir nicht an, von meinem Fenster aus alles sehen zu können und immer richtig zu beurteilen. Meine Arbeit ist so intensiver und weniger zufällig, auch aktueller.
Zur Kunst habe ich ein gestörtes Verhältnis. Einige Galerien, die das System Kunstmarkt durchbrechen, ändern auch nicht viel. Geändert werden muß das Bewußtsein aller derer, die zeichnen, malen, schreiben und gestalten können. Gesucht werden müssen dann die Wege, die zu denen führen, die Kunst brauchen. Das alles deutet natürlich schon an, daß ein „Künstler" nicht von seiner Arbeit leben kann, er muß also etwas tun, um sein Geld zu verdienen.

Walter Kurowski
Oberhausen, Februar 1974

„. . . verdammt zäh, die Lehrlinge heute!"

Bedeutung der politischen Karikatur und Grafik

Die Information, die Diskussion und daraus folgend das Lernen sind unbestritten wichtig zur Bildung des politischen Bewußtseins. Wenn Theorie auch bildhaft erfaßt werden kann, wird vieles deutlicher, weniger abstrakt, selbstverständlicher.

So wie das Lied, gemeinsam gesungen, stark macht, Mut gibt, so ist auch das Bild von Bedeutung für die Tiefe und Festigkeit des Bewußtseins. Da der Mensch gerne lacht, findet hier die politische Karikatur ihre Aufgabe. Durch Lacherfolg zum Lernerfolg!

Ich glaube, daß mit dem theoretischen Wissen auch der kulturelle Unterbau wachsen muß, sonst geschieht, was oft bei jungen Genossen, die bürgerlich-liberal erzogen wurden, der Fall ist:

Mit dem Studium und dem Ausbruch aus dem Elternhaus erfolgt eine blitzschnelle theoretische Aufarbeitung der marxistischen Wissenschaften. Das so plötzlich entstandene Bewußtsein ist dann auch so heftig, wie extrem kurz sein Werdegang war.

Und oft auch nicht von Dauer.

Man kann nicht stark sein, wenn man keinen festen Boden unter den Füßen hat.

Einen festen Standpunkt zementiert, was an linker Kultur in der Geschichte der Arbeiterbewegung entstanden ist.

Unvorstellbar, Käthe Kollwitz, Brecht, Eisler, Ernst Busch, Grosz, Otto Dix, Heartfield, Tucholsky, Erich Weinert und viele andere gäbe es nicht, wie sollten wir zeichnen, schreiben, singen? Die linke Kultur ist so wichtig für unsere Arbeit, wie andere Kulturformen den Kapitalismus-Imperialismus ermöglichen, vertuschen.

Sozialistische Verhältnisse erkämpfen wollen heißt nicht nur die ökonomischen, wirtschaftlichen, sozialen Grundlagen zur Selbstverwirklichung der Arbeiterklasse fordern, sondern auch die Befreiung vom kapitalistischen Kultursumpf, die kulturelle Emanzipation, die Pflege des linken Kulturbesitzes. Das macht deutlich, welche Bedeutung die Karikatur in diesem Fall, die Grafik, das Lied oder das politische Kabarett, im politischen Kampf haben.

Das zeigt aber auch deutlich, was für linke Kulturmacher selbstverständlich ist, zumindestens sein sollte:

Unsere Arbeit muß nicht nur inhaltlich und ideologisch, auch formal jeder Kritik standhalten können.

Für den Zeichner ist das Studium von George Grosz, Käthe Kollwitz, Otto Dix, Masereel und anderen einfach selbstverständlich.

Sie waren alle auch formal-handwerklich ihren bürgerlichen Künstlerkollegen überlegen.

Das kann natürlich die eigene Arbeit bremsen, ständig das handwerkliche Können der „alten Meister“ vor Augen zu haben, schadet aber gar nicht.

Mir kamen diese Gedanken, als ich Kontakt bekam zu Kunststudenten, die ihr politisches Wissen mehrten, ihre handwerklich-formale Bildung aber vernachlässigten.

Sie resignierten in Hinsicht auf ihr zukünftiges Berufsbild, handwerklich perfekt sollen sie systemkonform, unkritisch, ihren ästhetischen Teil dazu beitragen, daß der kapitalistische Warenmoloch weiter walzt.

Wer als Grafiker erst in einer Werbeagentur landet, wird entweder kaputtgemacht oder flüchtet in eine andere, weniger verlogene Erwerbsmöglichkeit, für die er aber in der Regel nicht ausgebildet wurde. Da wird dann von einem Studenten, der die Zusammenhänge und Widersprüche durchschaut, schnell ein Anschlußstudium absolviert oder, wenn es etwas Musisches sein soll, sofort auf Kunsterzieher umgesattelt. Zudem auch der wirtschaftliche Nutzen, den man aus seinen studierten Fähigkeiten gewinnen kann, wenn sie genutzt werden und politisch stimmen, sehr gering ist.
Nur wenige ernährt ihr Beruf, obwohl der Bedarf an politischer Kunst ständig wächst und ihre Notwendigkeit und auch Nutzbarkeit unbestritten sind.
Für mich bedeutete der Grad meiner Bekanntheit als politischer Grafiker den Rückgang von Aufträgen aus der Wirtschaft.
Zuerst wurde ich dem VW-Händler unheimlich, dann benötigte die Werbeagentur keine Illustrationen mehr. Vom „Kuro" ließ sich das nicht mehr so glatt verkaufen, das Risiko, beim Kunden (Unternehmer) anzuecken, war zu groß („Zeichnet der nicht auch diese Unternehmer-Krokodile?").
Ich hatte mich (Zitat) „unternehmerfeindlich profiliert".

Auszug aus dem Düsseldorfer „Handelsblatt":
„Unanständig, . . . ist in ihrer Art ‚Stürmer-Stil'. Die Karikaturen verraten alles über das Weltbild dieser jungen Sozialisten . . .
Wer zuläßt, daß die Unternehmer als fette, vor Gier mit der Zunge hechelnde Ungeheuer dargestellt werden, die auf einer Treppe nackter Menschenleiber ihren Profit suchen, der betreibt Hetze . . .
Er verrät, daß er diese Ordnung, in der die Unternehmer . . . aber doch immerhin eine wichtige Funktion haben, beseitigen will.
Nebenstehend einige dieser Illustrationen, die gegen sich selbst sprechen.
Außer ihrer Ideologie ist beachtenswert der stilistische Rückfall in die primitivste Art der Karikatur, die des Tiervergleiches. Die Unternehmer sind menschenfressende Krokodile, vor Speck platzende Schweine oder aber Hunde zweifelhafter Mischrassen.
Solche Zeichnungen fand man zuletzt auf mittelalterlichen Pamphleten."

Den Schreiber erregte eine Lehrlingsfibel, die von den Jusos in NRW herausgegeben wurde. Er hat ganz richtig erkannt, daß diese Ordnung abgeschafft werden muß, die eine Lehrlingsausbeutung, wie in der Fibel mit Fakten belegt wurde, erst möglich macht.
Kunsthistorisch können wir ihn aber belehren:
Nach Goya, Grandville, dem großen französischen Zeichner des vorigen Jahrhunderts, Daumier, George Grosz zeichnet auch der von bürgerlicher Seite geschätzte A. Paul Weber, den ich sehr schätze, Militärs, Kapitalisten, Menschenschinder aller Mischrassen als „vor Speck platzende Schweine, Krokodile" e.c.

Das Plakat „Stoppt den Lehrlingsdracula" sowie die Berichterstattung über den damit verbundenen Prozeß festigten meinen Ruf bis hinauf in die SPD. Ich konnte jetzt mit dem regen Interesse auch der oberen Parteikreise rechnen. Prügel für meine Arbeit bekamen jetzt die Genossen, die mich deckten und Solidarität bekundeten oder durch ihr Mandat zur Verantwortung gezogen werden konnten. Das macht mürbe. Ständig kommt einer, zeigt seine Beulen und weint sich aus. Ich werde verunsichert. Die weinenden Augen werden mehr, die lachenden immer verkniffener.

Über das „Dracula-Plakat" darf ich nicht berichten, der Abgebildete aber auch nicht. (Vergleich in der 2. Instanz Oberlandesgericht Hamm.) W. K.

Prozeß Lehrlings-Dracula
Auszüge aus „Ausbildung statt Ausbeutung – der Kampf der Essener Lehrlinge“

rororo Nr. 1504, Seite 203 bis 206

Termin im Essener „Dracula-Prozeß“.
Vorn rechts: Marquardt, neben ihm sein Rechtsanwalt Hagenbrock.
Links: Landgerichtsdirektor Dr. Petermann.
Im Hintergrund an der Wand das umstrittene Plakat.

Weitreichende Folgen bis hin zu einem Kunstprozeß mit politischem Hintergrund und Ermittlungen der Staatsanwaltschaft in Essen hatte das Engagement eines anderen Künstlers, des Oberhausener Grafikers und Folkwangpreisträgers Walter Kurowski. Dieser hatte vor Jahren selbst eine Lehre als Graveur durchgemacht. Dabei gehörte es, neben den üblichen Arbeiten wie Einkaufen usw., zu seinen vornehmsten Beschäftigungen, Kaninchen für den sonntäglichen Topf seines Meisters zu schlachten. Er brach die Lehre schließlich ab und begann sein Kunststudium.

Als Kurowski von den Essener Lehrlingsprozessen hörte und von den finanziellen Schwierigkeiten, in die die Lehrlingsarbeitsgemeinschaft dadurch geraten war, entschloß er sich sofort, die Lehrlinge zu unterstützen. Er entwarf ein Plakat, auf dem die Ausbeutungs-Fete angekündigt wurde. Es zeigte einen blutsaugenden Kerl mit massigem, kahlem Schädel und wuchtigen Hauzähnen, die ihm aus einem brutalen, aufgequollenen Mund herausragten. Das Monstrum war von gedrungener Gestalt und hatte die Arme eines bulligen Catchers. Der Text des Plakates lautete: „Stoppt den Lehrlings-Dracula! Jede Ähnlichkeit mit lebenden Personen ist nicht zufällig. Lehrherren und Ausbilder, die sich zu erkennen glauben, sollen sich mit den Zielen einer zeitgemäßen Berufsausbildung befassen!"

Als erster erkannte sich Marquardt wieder. Er zeigte Kurowski bei der Essener Staatsanwaltschaft wegen Beleidigung an und verklagte ihn in einem Zivilprozeß auf Zahlung eines Schmerzensgeldes von mindestens 5000 DM.

Nun ist eine gewisse Ähnlichkeit zwischen Marquardt und der auf dem Plakat dargestellten Schreckgestalt in der Tat nicht zu verkennen; allerdings war Kurowski beleidigt, als er erfuhr, daß Marquardt glaubte, er hätte nur ihn darstellen wollen. Kurowski wollte vielmehr den Typ eines Kapitalisten gestalten, so wie man ihn sich allgemein vorstellt, und wie es ihn in der Bundesrepublik einige tausendmal und auf der Welt einige millionenmal gibt. Diesen Typ wollte er mit seinem Plakat treffen. Inspiriert wurde er durch eine Gestalt aus einem Kriminalfilm

Darüber hinaus wollte er ein Symbol für die Lehrlingsbewegung schaffen, welches das Kernproblem, die Ausbeutung durch die Betriebe, auch den noch nicht aktiven Lehrlingen sofort deutlich macht. Das Bild von dem blutsaugenden Vampir gilt für alle Lehrherren, die aus Gewinnsucht Lehrlinge ausnutzen und nicht ausbilden.

Die Staatsanwaltschaft verfügte die Beschlagnahme des Dracula-Plakates, und der Essener Oberstadtdirektor Rewoldt (SPD) ordnete seine Entfernung von allen öffentlichen Gebäuden an. Marquardts Rechtsanwalt Hagenbrock unterzog sich der Mühe, das Plakat überall in der Stadt, wo es ausgehängt war, unter Androhung gerichtlicher Schritte in einer privaten Beschlagnahmeaktion zu beseitigen. Kurowski selbst erhielt anonyme Anrufe am laufenden Band, in denen er und seine Frau auf die übelste Weise beschimpft und bedroht wurden.

Die Presse berichtete laufend über all diese Vorgänge, und der ganze Wirbel trug schließlich nicht wenig dazu bei, daß die Ausbeutungs-Fete bekannt wurde, besser als je durch eine Werbekampagne möglich.

Die Ermittlungen der Staatsanwaltschaft sind noch nicht abgeschlossen. Sie hat auch allerhand zu tun, denn Marquardt zeigte nicht nur Kurowski an, sondern auch drei Berufsschullehrer, Rolf Freitag, Joachim Weiler und Walter Zielke, die er als die Auftraggeber des Plakates bezeichnete, den verantwortlichen Redakteur der *WAZ*, die das Plakat veröffentlicht hatte, die unbekannte Druckerei, die nicht im Impressum erwähnt war, und die Unbekannten, die in mehreren Nachtschichten das Plakat geklebt hatten und die nach Ansicht Marquardts in Kreisen der Essener Lehrlingsarbeitsgemeinschaft zu suchen seien.

21.45 Uhr. BR (III). Die Rechnung ging nicht auf. Der amerikanische Spielfilm

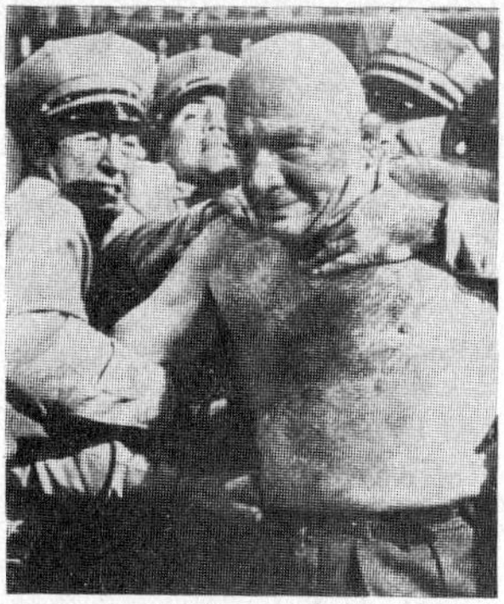

(1956) von Stanley Kubrick wird in der Reihe „Internationale Filmklassik" gezeigt.

„Vorlagen" zum Dracula-Plakat. Vorlage A inspirierte den Grafiker Kurowski zu dem Plakat. Vorlage B soll Kurowski nach Meinung von Marquardt zur Gestaltung des Plakates herangezogen haben.

Bei der Demonstration gegen die Lehrlingsausbildung im Dezember letzten Jahres richteten sich die schärfsten Angriffe gegen »Ausbeuter« Marquardt (oben). Fotos: Hermann Ewers

Inzwischen ist Marquardt die Sache allerdings über den Kopf gewachsen. Von der *Münchener Abendzeitung* bis hin zum *Spiegel*, von *Konkret* bis zur Gewerkschaftspresse, alle haben das Plakat veröffentlicht. Auch die Münchener Kunstzeitschrift *Tendenzen* hat sich des Falles angenommen und u. a. einen Aufruf zur Solidarität mit Kurowski veröffentlicht. Sie sieht in dem Vorgehen Marquardts einen Angriff auf die Freiheit des Künstlers.

Das Zivilverfahren erwies sich für Marquardt als Bumerang. Zwar sprach ihm das Gericht ein Schmerzensgeld von 2000 DM zu, weil es die Ähnlichkeit Marquardts mit dem Monster für erwiesen hielt, doch ergab sich die richtige Gewichtung schon aus der Aufteilung der Prozeßkosten: Kurowski brauchte nur $^2/_5$ zu tragen, Marquardt hingegen mußte $^3/_5$ zahlen. Das veranlaßte den *Rhein-Ruhr-Spiegel*, die Zeitung der Jungsozialisten von Nordrhein-Westfalen, später zu der Bemerkung: „Das Gericht bescheinigte Marquardt $^2/_5$ Ähnlichkeit."

Doch noch weitaus schlimmer für Marquardt war die Urteilsbegründung. Das Gericht hielt seine Forderung nach einem Schmerzensgeld von mindestens 5000 DM für unangemessen hoch, weil er durch sein Verhalten selbst erst die Veranlassung zu dem Plakat gegeben habe. In den Lehrlingsprozessen sei nämlich vom Gericht festgestellt worden, daß es in der Lehrlingsausbildung Marquardts erhebliche Mißstände gebe. Wenn er seinen Pflichten als Lehrherr nachgekommen wäre, dann hätte es nach Ansicht des Gerichts auch keine Demonstration gegeben, keine Lehrlingsprozesse, keine Ausbeutungs-Fete und für Kurowski somit auch keinen Anlaß für sein Plakat.

Diesen Tadel wollte Marquardt nicht hinnehmen. Noch vor der Urteilsverkündung hatte er versucht, Landgerichtsdirektor Dr. Petermann wegen Befangenheit ablehnen zu lassen, mit der Begründung, dieser habe das Plakat für jedermann sichtbar im Gerichtssaal aufhängen lassen und damit für eine erneute Verbreitung gesorgt. Gegen das Urteil legte Marquardt sofort Berufung ein.

Kurowski hat inzwischen ein neues Dracula-Plakat entworfen. Der Schädel besteht hier aus Geldscheinen, Münzen, Aktien usw.

Der Text dazu: „Profit. – Lehrlinge! Wehrt Euch gegen Ausbeutung! Stoppt Lehrlings-Draculas! Schafft bessere Ausbildungsverhältnisse!“

Ihr blöden Heinis,
Langhaar-Affen,
Lehrlinge...
KURO
Juso-Lehrlings-Fibel

Titel, 1972

Das hier ist mein Haus (mein Betrieb), und hier bestimme ich, was gemacht wird.

Lehrjahre sind nun mal keine Herrenjahre. Leiste erst einmal was, dann kannst Du mitreden.

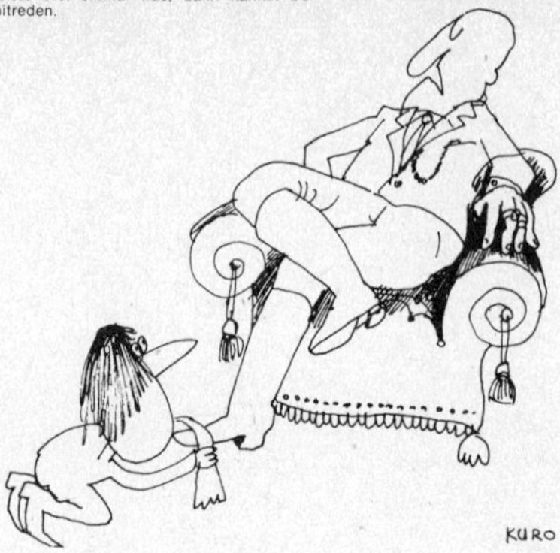

Wenn Du älter bist, kommst Du auch noch dahinter.

Die Abbildungen zum Thema „Lehrlinge“ stammen fast alle aus der „Juso-Lehrlings-Fibel“, 1972 (bis Seite 53)

Wir wollen doch nur Dein Bestes.

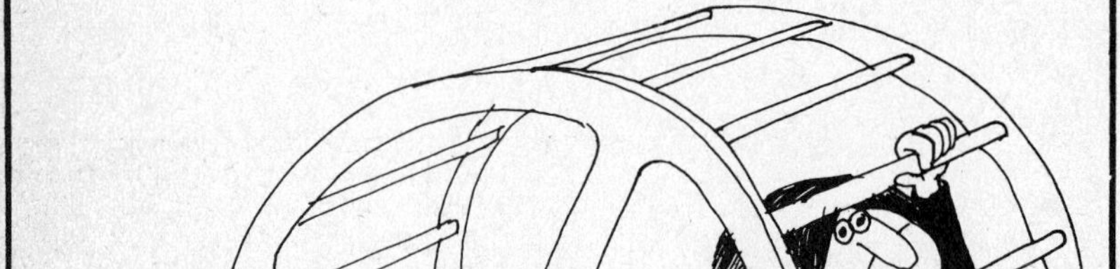

. . . dreieinhalb Jahre, dreieinhalb Jahre, dreieinhalb Jahre

GESINNUNGS-
SCHNÜFFELEI
(ABWEHRHALTUNG)
KURO

„Das ist aber
eine eindeutige Handlung!"
„... und Gesinnung!"
KURO

„Ihr wollt uns Lehrlinge abkochen?
Die Suppe werden wir Euch versalzen!"
KURO

...PRIMA HINGEKRIEGT, STUDIENRAT, GENAU DIE KÖPFE, DIE WIR BRAUCHEN!
CDU
KURO

KURO
HOCH-
SCHULE
2.
Bildu
Weg

Wandzeitung, 1971

KURO

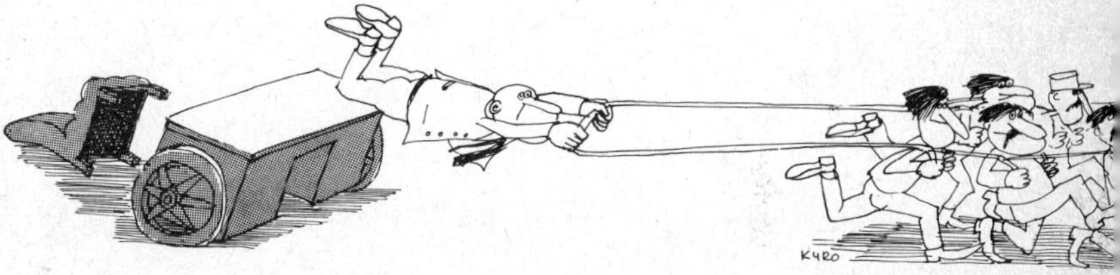
KURO

KURO
M-i-t-b-e-s-t-i-m-m-u-n-g !

MÖGEN SIE AUSLÄNDER ?
KURO

KURO
F.D.P.
KAPITA-LISMUS

Miete
KURO

TAUSCHE:
WEGEN SCHLECHTER WOHNVERHÄLTNISSE
3 GESUNDE KINDER
gegen
AUTO.
GARAGE VORHANDEN
MEIER
KURO

Linientreu

Um dem Ausschlußverfahren
meiner Partei –
wegen lyrischer
Linksabweichlerei,
wegen roter Punkte
und Fragezeichen(!)
in meinen Gedichten –
auszuweichen,
trat ich ihr
erst gar nicht bei.

Dieter Höss
Aus: Vorwärts

IN LETZTER ZEIT HÄUFIGER ANZUTREFFENDE VORGÄNGE IN DER **SPD** LASSEN DARAUF SCHLIESSEN, DASS DAS ABSCHNEIDEN DES **LINKEN** OHRES BEI-VINCENT VAN GOGH- EINE BEWUSST-SOZIALDEMOKRATISCHE HANDLUNG WAR. IN VIELEN ORTSVEREINEN SOLL ES BEREITS ZU SCHWEREN SELBSTVERSTÜMMELUNGEN GEKOMMEN SEIN.

Athen: „Ich sagte Ihnen doch, wir haben die Opposition christlich behandelt!“

Bausteine, 1973

Plakat, DIN A 2

Die Entstehung eines Plakates

„Wälder in Deutschland" zum Beispiel

Anruf: „Wir planen eine Aktion in Rheinberg gegen einen Bonzen, der ca. 80 ha Wald eingezäunt hat, Demonstration mit Waldbegehung, Presse ist da, Flugblatt. Kannst du uns ein Plakat machen? Wir haben ein Foto von seiner Villa, die ohne Baugenehmigung als forstwirtschaftliches Verwaltungsgebäude errichtet wurde, mitten im Naturschutzgebiet. Wir haben aber nur DM 500,- dafür." Was ich hier schildere, ist die Vorgeschichte eines DIN-A 1-Plakates „Wälder in Deutschland", dreifarbig in einer Auflage von 1000 Stück.

Technisches: Zuerst zeichne ich etwa DIN A4 groß mein Motiv, dann wird mit Hilfe einer Repro-Kamera eine Strichaufnahme 1:1 hergestellt. Mittels Projektion werden nun 2 Filme im Format A 1 hergestellt. Film 1 wird in Rot gedruckt, Film 2 in Blau, zusammen ergibt das ein dunkles Violett. Der dritte Druck erfolgt gelb. Die Farbskala umfaßt also bei zusätzlicher Verwendung von Rasterfolien in der Filmmontage: Rot-Rosa-Gelb-Orange-Grün-Blau-Violett. Das sieht aus wie vier Farben, es sind aber nur drei. Um dieses Plakat für DM 500,- gedruckt zu bekommen, benötigt man eine Druckerei, die entweder der Sache, dem Grafiker oder einer Organisation mit zahlreichen Aufträgen freundlich zugetan ist. Eines war hier der Fall.

Voraussetzung sind natürlich auch das technische Wissen und die handwerklichen Fähigkeiten für Reproduktion, Montage, Fotosatz und eventuell auch Druckplattenkopie und Druck. Als ich die Schule verließ, stand ich auch wie der Ochse vorm Berg, da hilft nur eines: Fragen, Lesen, Lernen. Das hilft.

Das Plakat „Wälder in Deutschland" wurde am linken Niederrhein an alle Zäune geklebt. Der Verbreiter, ein Juso aus Mons, bekam seinen Prozeß wegen Beleidigung. Die Juso-Organisation stellte den Anwalt, der Prozeß fand in aller Stille statt. Der Unternehmer Reichel hatte zu viele Freunde oben und zuwenig Feinde unten. Das Plakat stimmt heute noch. Mittlerweile habe ich es neu aufgelegt – die Vorarbeit wie Filme und Montagen waren noch vorhanden – und vertreibe es für DM 4,–. Das verschafft mir dann, zwar nach zwei Jahren, etwas Gewinn.

Plakat, DIN A 1, dreifarbig, 1974

Veranstaltungsplakat für das Polit-Kabarett
„Floh de Cologne", DIN A 1, dreifarbig, 1974

Plakat zum Wahlkampf 1972,
DIN A 2, dreifarbig

Plakat, DIN A 2, zweifarbig, 1972

Plakat, DIN A 1, dreifarbig, 1973

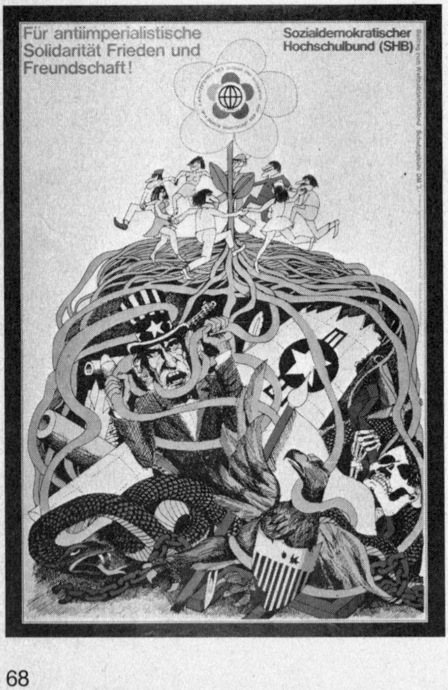

Plakat für den Weltsolidaritätsfonds, anläßlich der Weltjugendfestspiele, Berlin, 1973, DIN A 1, dreifarbig

Solidaritätsplakate,
DIN A 1, dreifarbig, 1973

Arno Ploog

Arno Ploog, geb. 1942 in München. Schule und Abitur in München, Arbeit an Schülerzeitungen. 1962 Beginn des Soziologie-Studiums in München, Herausgabe einer eigenen politisch-literarischen Zeitschrift „TAMTAM". 1964 Fortsetzung des Studiums in Frankfurt, Beginn der Arbeit bei „Pardon". Danach rasche Ausdehnung der Arbeitsbereiche. Arbeiten in mehreren Zeitschriften, in der Gewerkschaftspresse (Metall, ÖTV, Holz) und in der SPD-Presse. Bücher: „Meine Dienstzeit", „Notstand Unser", „Napalm macht frei". Aufnahme der politischen Öffentlichkeitsarbeit für kritische Gruppen in der BRD, für Gewerkschaften, Jusos und SPD. Seit Ende 1972 Arbeit für WDR-Jugendfernsehsendungen, Produktion von eigenen Comic-Filmen. Mitglied der SPD und Jungsozialisten. Lebt in Frankfurt a. M.

Wie sieht meine Arbeit heute aus?*

Ich arbeite in drei Bereichen. Der erste: nach wie vor zeichne ich Karikaturen und vor allem Comics in ziemlich vielen Zeitungen und Zeitschriften, zum Beispiel: „ran" (DGB), „ÖTV-Magazin", „Metall", „aktion", „Sozialdemokrat", „Solidarität" (DGB), „Spontan" etc.

Der zweite Bereich: politische Kommunikation.
Dabei geht es um politische Aufklärungs-, Informations- und Werbekampagnen für Gewerkschaften (DGB, Metall, GEW etc.), Jungsozialisten, SPD, Falken und andere. Ich habe gelernt, wie notwendig es ist, sehr genau die Beeinflussungsmechanismen des bürgerlichen Informationsapparates zu beobachten. Ich versuche eine neue Form von politischer Agitation zu entwickeln, die darauf gerichtet ist, die Massen und deren aktuelle Bewußtseinslage zu erreichen, um ihr politisches Selbstbewußtsein und ihre politischen Aktivitäten zu stärken. Ich entwickle werbetechnisch exakt aufgebaute Kampagnen mit sämtlichen uns zur Verfügung stehenden Medien wie Flugblatt, Plakat, Broschüren, Faltblätter, Aufkleber, Anstecknadeln, Spots usw. (Beispiel: Kampagne „Jahr des jungen Arbeitnehmers", DGB). Fortschrittliche Öffentlichkeitsarbeit leidet bei uns häufig darunter, daß sie entweder so hausbacken und uninteressant gemacht wird, daß sich keiner der Betroffenen recht dafür interessiert, oder daß sie durch unpolitische Werbeagenturen wie Waschmittelreklame ohne agitatorischen Anspruch „an den Mann gebracht" wird.
Ich versuche mit einigen Mitarbeitern eine politische Kommunikation zu präsentieren, die nach werbetechnischen und psychologischen Kontrollmöglichkeiten konzipiert und realisiert wird und die fortschrittliche Inhalte im Interesse der lohnabhängigen Massen nicht nur vermittelt, sondern so aufzeigt, daß sie eben die Massen auch erreicht.

Der dritte Arbeitsbereich: Fernseh-Comic-Filme. Seit '72 mache ich für WDR-Jugendfernsehsendungen im ARD-Programm eigene Comic-Filme, Comic-Spots etc. Dort versuche ich über das Medium Film (Musik, Ton, Aktion) und über eine entsprechende Story fortschrittliche, kritische Inhalte zu vermitteln (z. B.: Umweltschutz, Unternehmer-Ideologie, Schlager-Inhalte, Lehrlingsprobleme und Herrschaftsverhältnisse in Betrieb und Gesellschaft).

Arno Ploog
Frankfurt, Juni 1974

---

* Siehe auch Interview in „tendenzen" Nr. 83, München 1972.

Karikaturen

Aus „Napalm macht frei“, Frankfurt 1968

Aus „Spontan", 1969

Aus „Spontan", 1969/70

„Und schon sehe ich wieder einen riesigen Markt heranwachsen: Filter-Atemmasken für alle!"

Aus „Spontan", 1971

Warum denn Angst haben?

IG Metaller werden!

Aus „Metall“, 1971

Einer allein schafft's nicht

Gemeinsam geht es besser!

Aus „Metall“, 1971

Aus „Spontan", 1971
Der „Lehrlingskampf-Comic" erschien als Serie

ICH MUSS SIE EINFACH IN EIN ABHÄNGIGKEITS-VERHÄLTNIS ZWINGEN!
JA, NATÜRLICH! DAS UNTERNEHMEN MUSS SOZUSAGEN DIE VATERROLLE DER BÜRGERLICHEN FAMILIE ÜBER-NEHMEN!...
...MUSS LOBEN UND BE-STRAFEN, DEN EINEN VOR-ZIEHEN UND DEN ANDEREN SCHIMPFEN! UND ALLE ABHÄNGIG MACHEN!! DAS IST ES! ABER WIE? NATÜRLICH MIT GELD. ICH HABE DAS GELD. DIE NICHT!
ICH WERDE EIN NETZ VON BENOTUNGEN ÜBER DIE LEHRLINGE WERFEN. JEDER ABTEILUNGSLEITER WIRD SIE VON EINER ANDEREN SEITE HER KONTROLLIEREN. ICH WERDE NOTEN VON EINS BIS FÜNF FESTLEGEN FÜR "FÜHRUNG", "ORDNUNG", "FLEISS" UND "ARBEITSGÜTE".
UND DIESE NOTEN WERDE ICH IN ETWAS GELD AUSBEZAHLEN: FÜR EINE 1 VIELLEICHT 50 DM, FÜR EINE 2 NUR 25 DM, FÜR EINE 3 NOCH 15 DM, FÜR EINE 4 NICHTS!
DAS GANZE WIRD EINMAL IM JAHR AUSBEZAHLT. WER ABER IRGENDWO EINE 5 HAT, DER BEKOMMT ÜBERHAUPT KEINEN PFENNIG. ZUR STRAFE.
SCHWITZ! SCHWITZ!
NACH DER SAUNA:
HA! HA! HA! DAS IST ES!
ZUR INFORMATION: GANZ GENAU NACH DIESEM SYSTEM DER BEWERTUNG ZAHLTE DIE HAMBURGER FIRMA DURAG DEN LEHR-LINGEN WEIHNACHTS-GEL. AUS. DURAG HATTE SICH ABER VER-RECHNET. DENN: DIE LEHRLINGE SCHLUGEN ZURÜCK!
DARÜBER LEST IHR MEHR IM NÄCHSTEN HEFT!

Aus „ran“, 1972
„Ossi, der Superlehrling“ erschien als vierfarbige Comic-Serie in „ran“, der Jugendzeitschrift des DGB

ICH HAB' EINE TOLLE IDEE!
ICH HAB' AUCH EINE TOLLE IDEE!
LASS HÖREN!
WIR WERFEN ALLE PRÄMIEN ZUSAMMEN IN EINEN TOPF UND DANN BEKOMMT JEDER...
...VON DER GESAMTSUMME EINEN GLEICHEN ANTEIL!
DAS MACHEN WIR!
DEN BOSSEN WERDEN WIR'S ZEIGEN!
HIMMEL! DIE MACHEN JA MIT DEM WORT SOLIDARITÄT ERNST!
GENAU DAS WOLLTE ICH AUCH VORSCHLAGEN!
WIEVIEL HAST DU?
DU WIRST LACHEN: GENAU SO VIEL WIE DU!
ÜBRIGENS: DIE LEHRLINGE DER HAMBURGER FIRMA DURAG HABEN VOR EINIGER ZEIT IHRE UNTERSCHIEDLICH HOHEN WEIHNACHTSPRÄMIEN TATSÄCHLICH ZUSAMMENGEWORFEN. JEDER BEKAM SO 92,35 DM. NACHMACHEN!

Aus „ran", 1973
„Karin" erschien als vierfarbige Comic-Serie in „ran", der Jugendzeitschrift des DGB (weibliche Gegenfigur zu „Ossi" siehe Seite 80/81)

UND DAS, OBWOHL ICH GEWÄHLTER JUGENDVERTRETER BIN. — DAS HEISST, GENAU DESHALB WOLLEN DIE MICH LOSHABEN!
NA UND?!! IM NEUEN BETRIEBSVERFASSUNGSGESETZ STEHT NICHTS VON EINEM KÜNDIGUNGSSCHUTZ FÜR GEWÄHLTE JUGENDVERTRETER!
IN DEM DINGS IST NÄMLICH GANZ EINFACH...
BETR.V.G
...EIN LOCH DRIN!
BETR.V.G
UND DAS NUTZEN WIR AUS!
MIKKER GMBH
ÜBER 200 JUGENDVERTRETER SIND BEREITS AUF DIESE ODER ÄHNLICHE WEISE AUS DEN BETRIEBEN ENTFERNT WORDEN!
WIE LANGE WOLLEN WIR DA EIGENTLICH NOCH ZUSEHEN, LEUTE?!

Werbekampagne für den DGB, Gewerkschaftsjugend;
Gesamtpräsentation Arno Ploog:
'71, das Jahr des jungen Arbeitnehmers:
„Du gehörst Dir, nicht den Bossen"
Plakat, vierfarbig, DIN A 1, Auflage 400 000;
dasselbe Motiv wurde auch als Handzettel, DIN A 4, aufgelegt

DGB-Broschüre, Umschlag

T-Shirts mit dem zentralen Werbemotiv bedruckt, hier in einer Vierfarbanzeige des DGB

Handzettel, vierfarbig, Faltblatt DIN A 5

Werbekampagne der GEW (Gewerkschaft Erziehung und Wissenschaft): „BRD-Wirtschaftsriese! Bildungszwerg?“

Plakat, vierfarbig, DIN A 2

Button

Aufkleber

Kampagne „Rahmenrichtlinien“ der Jungsozialisten Hessen-Süd: Plakat, vierfarbig, DIN A 1; die Aktion wurde begleitet von Anzeigen und Handzetteln

Aktion „Lohngleichheit" der Jungsozialisten Hessen-Süd,
eine Kampagne für gewerkschaftliche und politische Organisationen:
Plakat, vierfarbig, DIN A 1

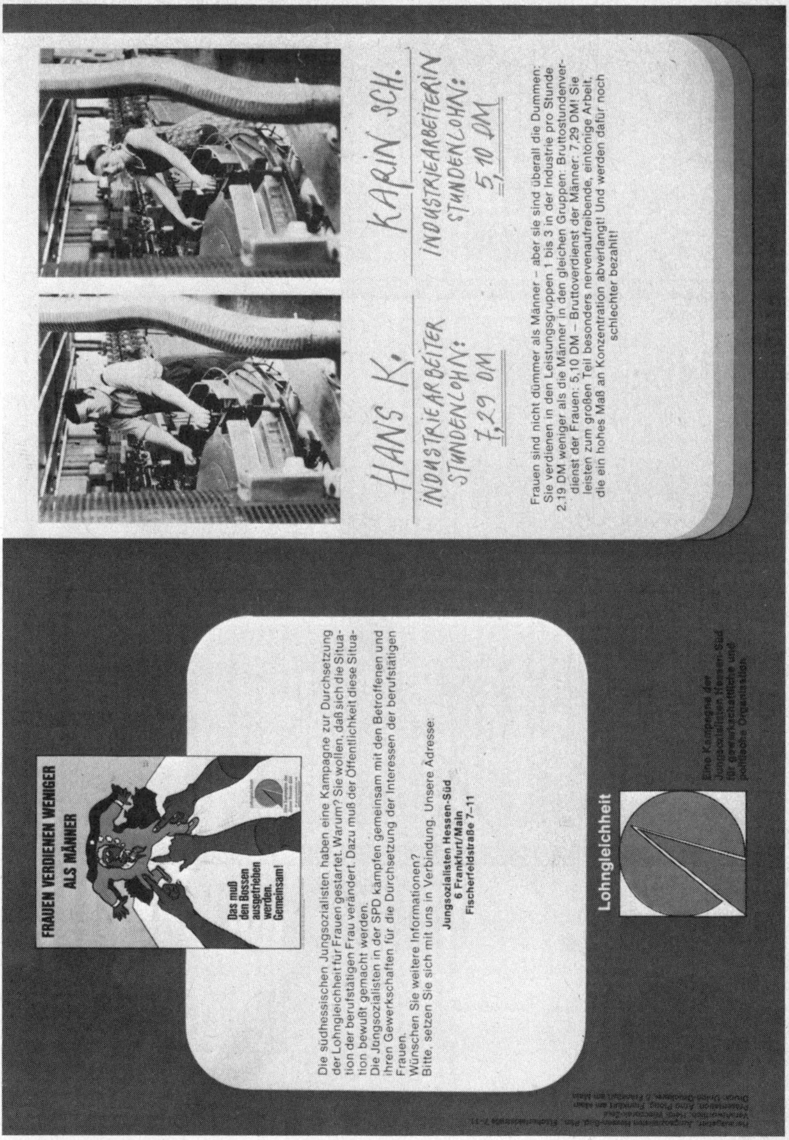

Handzettel als Faltblatt, vierfarbig, DIN A 5

Plakat für den Hessischen Jugendring, vierfarbig, DIN A 2

Veranstaltungsplakat für das Theater-Kollektiv „Rote Rübe“, vierfarbig, DIN A 2

Comic-Filme
Einsatz der Karikatur im Massenmedium Fernsehen
Interview mit Arno Ploog

Fecht: Arno Ploog, du produzierst seit 1972 Comic-Filme und -Spots für Jugendfernsehsendungen des WDR. Bis heute bist du der einzige politische Karikaturist in der BRD, der dieses besonders im Hinblick auf seine Massenwirksamkeit optimale Medium benutzt. Politische Comic-Filme sind auch im europäischen Ausland und den USA noch seltene Einzelfälle. Worin siehst du als Karikaturist die besonderen Vorteile des Mediums Fernsehen, abgesehen von seiner Massenwirksamkeit?

Ploog: Objektive Vorteile liegen in der Möglichkeit des Zusammenwirkens von Bild–Aktion–Bewegung und Ton–Musik. Ich produziere meine Comic-Filme und Comic-Spots in erster Linie für die Jugendsendung „Szene '74" des WDR im ARD-Programm. Mit dieser regelmäßig ausgestrahlten Sendung und seiner festen Sendezeit (Freitag 17–18 Uhr) ist auch die Kontinuität wichtiges Element meiner Filmarbeit als Karikaturist. Wichtig ist aber auch der Zusammenhang zur übrigen Sendung. Die relativ kurzen Filme und Spots stehen nicht allein da, sie sind als fester Bestandteil der Sendung inhaltlich und thematisch mit der Sendung abgestimmt.

F: Die genannten Zusammenhänge könnten also analog zu denen in einer Zeitung oder Zeitschrift gesehen werden, die einen z. B. festangestellten Zeichner hat. Wie sehen die damit verbundenen redaktionellen Vorgänge bei der Fernsehproduktion aus, wie entstehen deine Comic-Filme?

P: Ja, die Sendung ist hier sozusagen die regelmäßig erscheinende Zeitung mit ihren festen Abonnenten, die notwendigen inhaltlichen Zusammenhänge entsprechen dem Verhältnis vom Text zur Karikatur oder Comic-Strip im Layout. Wie ein festangestellter Zeichner auch, nehme ich regelmäßig an den Redaktionskonferenzen teil, und es wird ein Thema abgesprochen. Häufig werden auch aktuelle Sachen aufgegriffen. So habe ich kürzlich z. B. einen Comic-Film zur Verleihung des „Prix de Jeunesse" gemacht, über die die Sendung einen kritischen Bericht gebracht hat; das ganze Theater hatte mit „Jeunesse" wenig zu tun. Dann setze ich mich hin und entwickle eine Story. Mit einem Team von Redakteuren und zwei Mitarbeitern spreche ich meine Geschichte durch. In diesem Arbeitsgang wird die Story in Hinblick auf ihre Wirksamkeit abgeklopft und verdichtet. Auf diesem Weg entsteht ein Drehbuch, nach dem ich die einzelnen Tableaus zeichne. Die zeichnerische Arbeit muß einem dabei äußerst schnell von der Hand gehen, langes Herumprobieren ist nicht möglich, man muß einfach wissen, wie man was zeichnet. Der Bau der einzelnen Bewegungsphasen und der Bewegung selbst schließt sich unmittelbar an. Es entsteht so das sogenannte Scribble, das sind die Anweisungen für den Kameramann am Tricktisch im Studio. Das Können des Kameramanns spielt für die Qualität des Films dabei eine wichtige Rolle. Der letzte Arbeitsgang ist dann das Unterlegen von Text und Ton. All diese Arbeitsgänge erfordern ein technisch qualifiziertes Team.

F: Welche Funktion erfüllt nun dein Comic-Film inhaltlich im Rahmen dieser Sendung?

P: Ich würde sagen, die Funktion einer Beweisführung. Damit ist auch eine gewisse Rhetorik angesprochen, die in diesen Zusammenhang gehört. Meine Comic-Filme sind parteilich, das heißt, sie werben für etwas, z. B. für eine Idee, sie sind letztlich Agitation. Die Berechtigung einer in der Sendung gebrachten Kritik soll so z. B. untermauert werden, die Zuschauer sollen agitiert werden.

F: Welche Kontrollmöglichkeiten hast du bezüglich der Wirksamkeit deiner Filmstrips?

P: In erster Linie bietet das regelmäßige Messen der Einschaltquote während der Sendung eine Möglichkeit, das Interesse und die Wirksamkeit statistisch zu erfassen. Der Rücklauf in Form von Leserpost ist aber genauso wichtig. Es kommen viele verschiedene Reaktionen, oft auch Anregungen, Themen- und Verbesserungsvorschläge und natürlich auch Kritik. Dadurch lassen sich präzise Aussagen über unsere Zielgruppe und deren Reaktionen machen. Für die notwendige Selbstkontrolle und -kritik ist so eine breite Basis geschaffen.

F: Du kennst sicher die Forderung von Walter Benjamin: Die Kulturproduktion müsse sich durch ihre technische Reproduzierbarkeit dem Stand der Produktivkräfte anpassen.
Inwieweit haben solche theoretischen Überlegungen bei dir eine Rolle gespielt?

P: Diese Überlegung hat gerade für meine jetzige Arbeit ganz entscheidende Bedeutung. In meiner bisherigen Tätigkeit als Zeichner habe ich lernen müssen, wie wesentlich es ist, die Beeinflussungsmechanismen des bürgerlichen Informationsapparates präzise zu beobachten. Es ist für mich ganz selbstverständlich geworden, den bürgerlichen Werbemechanismus, der ja aus einer eindeutigen Interessenlage heraus immer wieder überprüft wird und einer neuen Bewußtseinslage sofort angepaßt und weiterentwickelt wird, zu benutzen; d. h. auch auszunutzen. Ich versuche also fortschrittliche Inhalte im Interesse der lohnabhängigen Massen nicht nur zu vermitteln, sondern sie so zu vermitteln und aufzuzeigen, daß sie diese Massen und deren reale Bewußtseinslage auch erreicht, also verstanden wird. Das gilt auch für meine anderen Arbeitsbereiche. So ist es selbstverständlich, daß meine Filmstrips natürlich in Farbe sind in dem Moment, wo es das Farbfernsehen gibt. Meine Comic-Strips und Serien, die eine wichtige Vorstufe für meine Filmarbeit gewesen sind, sind schon seit langem wie auch meine Plakate usw. vierfarbig.

F: Wie bewältigst du Umfang und Vielfalt deiner verschiedenen Arbeitsbereiche?

P: Das ist nicht immer leicht. Zu bewältigen ist mein Pensum inzwischen nur noch in Teamarbeit. Ich habe seit längerem zwei feste Mitarbeiter und plane, in Kürze eine Art Agentur aufzubauen.

Drei Beispiele

Aus der Comic-Film-Produktion von Arno Ploog werden hier drei Themenbereiche herausgegriffen: Das Verhältnis Lohnabhängige/Kapital, Emanzipation und Schulausbildung. Bedingt durch die Buchform können zur Veranschaulichung nur die wesentlichen Eckphasen gezeigt werden. Die Comic-Filme Arno Ploogs sind keine Trickfilme im eigentlichen Sinne, sondern wörtlich genommen: abgefilmte Comic-Strips, die eindeutig in den Bereich der Karikatur gehören. Einzelne Bewegungsphasen wie z. B. bei Disney-Filmen werden nicht gezeichnet (24 Bilder in der Sekunde). Die Bewegung beruht vielmehr auf der Kamerabewegung selbst (Zoom und Kamerafahrt nach links, rechts etc.) und dem Legetrick. Die Figuren und deren Teile auf den einzelnen Tableaus (Augen, Arme und Beine usw., siehe dazu die Eckphase ⑪, S. 97) sind teilweise ausgeschnittene Elemente. In vielen Einzelaufnahmen der Kamera entsteht so die Bewegung. Es ist verständlich, daß der Kameramann am Tricktisch wichtigen Einfluß auf die Qualität des Films hat.

Thema: Lohnabhängige/Kapital

① Eine Unternehmerpersönlichkeit erklärt dem Lehrling, wie man es zu etwas bringt.

② Das geht so: zunächst muß man investieren und sich selbst hintenanstellen.

③ Aus dem Boden wächst die Fabrik,

④ und nun heißt es arbeiten, arbeiten und nochmals arbeiten,

⑤ und schon bald wird aus der einen Fabrik eine zweite

⑥ Wenn man nicht nachläßt,
geht das so weiter, immer so weiter!

⑦ und schließlich hast du es
geschafft!

⑧ Die Fabrik bewegt sich,
Arbeiterbeine werden sichtbar,

Auszug aus der Scribble-Anweisung für den Tricktisch. „Mit lautem Hauruck wird die Fabrik langsam nach oben gehoben (Einzelaufnahmen als Legetrick), man hört erstauntes Stöhnen des Unternehmers, bis die Beine der Arbeiter sichtbar werden. Im Legetrick dann durch Überblenden von zwei Phasen die Wirkung von Gehen erzeugen." ⑩

⑨ der Junge erkennt, wer da eigentlich arbeitet und wer da nicht nachlassen darf.

⑩ Die Fabrik wird fortgetragen,

⑪ der Unternehmer bricht zusammen.

Thema Emanzipation
Dieser Spot greift den Text einer populären Schallplattenaufnahme (Single) auf, Titel: „So liebt man ein Mädchen . . .“ von Michael Schanze. Der Originalton der Single ist dem Film unterlegt. Die Bildtafeln beziehen sich auf die im Schlager besungenen Klischees, wie z. B. „. . . in den Hafen der Ehe führen“. Abgebildet sind vier der etwa 30 Eckphasen, die Originale sind 50 × 60 cm.

SCHULE

MMM, KLAR
JA, JA.

Chlodwig Poth

Chlodwig Poth, 1930 in Wuppertal geboren. 1936 nach Berlin gekommen. Schule, Krieg, Kriegsende, Nachkriegszeit und Studium in Berlin. 8 Semester Hochschule für Bildende Künste.
1945 erste Veröffentlichung von Karikaturen in Ost-Berliner Jugendzeitschriften, vor allem in „Start“. Ab 1948 Mitarbeit beim „Insulaner“. Nach dem Studium verschiedene Jobs. 1955 Übersiedlung nach Frankfurt am Main. Arbeit als Grafiker in einer Agentur. Dann fünf Jahre Redakteur der Werkszeitschrift der Dunlop-Werke in Hanau.
Zu dieser Zeit erste Buchveröffentlichung im Verlag Bärmaier und Nikel: „Ganz moderne Zeiten“. Es folgen: „Mach Dein Hobby selbst“, „König Heinrich der Heimliche“, „Spuck zurück im Zorn“, „Taktik des Ehekrieges“ und „Taktik der Verführung“. Seit 1961 selbständig. Zunächst als Werbegrafiker, später hauptsächlich als Karikaturist. Seit Planung und Beginn bei „Pardon“. Veröffentlichungen in vielen verschiedenen Zeitungen und Zeitschriften. Heute schreibe ich fast mehr als ich zeichne. Dann male ich noch Ölbilder.

Wie fing es an? Ich hatte eine Eins in Zeichnen und war von den Witzseiten in den Illustrierten fasziniert. So ungefähr mit 10 Jahren fing ich an „Witze“ zu zeichnen. Gegen Kriegsende hab ich dann schon richtige Witzseiten zu aktuellen Themen hergestellt und fand mein Publikum bei den anderen Hausbewohnern im Luftschutzkeller. Da hatten die eine Ablenkung und ich einen Ruhm. 1946 raffte ich meinen ganzen Mut zusammen und ging zur Redaktion der Zeitschrift „Freie Welt“, das offizielle Organ der FDJ. Die nahmen zwei Witze, eine andere Jugendzeitschrift, „Start“, nahm von da ab regelmäßig welche. Ich war also Karikaturist geworden und empfand die Notwendigkeit, weiterhin die Schule besuchen zu müssen, als ziemliche Zumutung.

Mit 17 begann ich Kunst zu studieren. In dieser Zeit sah ich auf meine „Witze“ ein wenig herab, was ihren künstlerischen Wert anbelangt, wußte sie aber nach wie vor als Finanzspritze zu schätzen.
Später, nach dem Studium, wurden – vor allem unter dem Einfluß Steinbergs – aus den Witzen Karikaturen, und ich brauchte fortan auf sie nicht mehr herabzusehen, was ich auch nie wieder getan habe.

Ich habe viele Blätter gezeichnet damals, Landschaften, Städtebilder, Genreszenen.
Um die Zeit '58, '59, '60 herum, als in der Friedhofsruhe der Wirtschaftswunderzeit die ersten, noch leisen, schrillen Töne hörbar wurden, als ich meine Erfahrungen, meine sehr nützlichen Erfahrungen, als Werkzeitungsredakteur machte, da kam dann sich steigernd die Politik hinein.
Als die erste Nummer von „Pardon“ heraus war, war alles klar. Politik und Kunst waren eine Symbiose eingegangen. Ein anderes Problem tauchte auf. Oft ließ sich das, was ich sagen wollte, mit einer Zeichnung allein nicht ausdrücken, oder nicht differenziert genug ausdrücken. Manchmal habe ich dann nicht gezeichnet, sondern geschrieben. Eine bessere Lösung fand sich im Strip. Mit einem Comic konnte ich zeichnend eine Geschichte erzählen. Ich hatte die Möglichkeit, einen Dialog einzubeziehen, ich konnte die Zeichnung durch einen Wortwitz verstärken.

Bliebe noch die Frage, ob ich glaube, daß man mit Karikaturen etwas bewirken kann? Nun, ich kann mir schon vorstellen, daß eine Karikatur, ein Witz, einen Denkanstoß geben, etwas bewußtmachen, erhellen kann. Viel mehr sicher nicht. Aber andererseits ist das ja auch schon eine ganze Menge.

Chlodwig Poth
Frankfurt, Juni 1974

»Na, mein lieber Schulze? Mal wieder auf der Prokuristentoilette gewesen?«

»Das gehört zu unseren freiwilligen sozialen Leistungen.«

Aus „Ist das eine Wirtschaft", 1960

Aus „Saure Lesefrüchte", 1961

„Blick in die Redaktionsräume der Deutschen Soldatenzeitung"
Aus „Pardon", Erstausgabe 1962

Es waren nur 4,2765 Millionen

OMO-DASH-AMBA

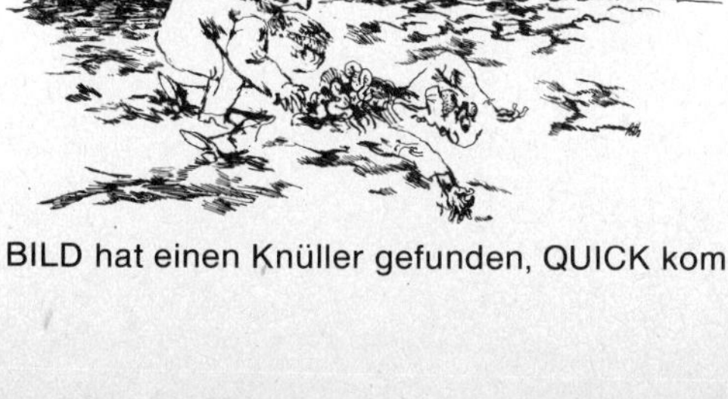

BILD hat einen Knüller gefunden, QUICK kommt dazu

Aus „Pardon“, 1966

Aus „Pardon“, 1967

Chlodwig Poth

SHOW-BIZ an der Front

Die vielen verschiedenen Privat-Fernsehgesellschaften von Amerika stehen auch im vietnamesischen Dschungel in hartem Konkurrenzkampf um die Gunst des Publikums. Wie Joachim Maass kürzlich in der ZEIT berichtete, sind an manchen Frontabschnitten in der vordersten Linie mehr Kameramänner anzutreffen als Soldaten. Ihr ständiger Schlachtruf sei: „Action!" Was Wunder, unterliegen sie doch auch mitten im asiatischen Dschungel den harten Gesetzen des anderen Dschungels, denen des Show-biz: Was gestern die Zuschauer vor dem Schirm von den Stühlen riß, entlockt ihnen heute schon nur noch ein müdes Gähnen. Und so sind die Kameramänner, genau wie ihr Präsident, zur ständigen Eskalation gezwungen.

Aus „Pardon", 1968

Drehen wir lieber nicht, Bob! Wenn ich diese müden Scherze hier sehe, kann ich nur sagen, der Johnson soll sich mal von Leuten aus dem Show-Biz beraten lassen. Mr. President, würde ich sagen, entweder Sie blasen die ganze Vietnam-Show ab oder Sie lassen sich endlich 'n paar neue Gags einfallen — taktische A-Bomben oder solche Scherze. Die Leute schlafen uns sonst ja ein vor dem Schirm.
Nun sieh dir das an. Immer wieder die gleichen Szenen. Möchte bloß mal wissen, wer da andauernd das 3. Bataillon auftreten läßt. Diese Jungs sind doch einfach langweilig, ohne Schwung, ohne neue Einfälle. Richtig provinziell ist das!
Weg da, weg da! Dieses Verhör habe ich exklusiv gebucht.
CBS
Waas? Die durchschnittliche Killing-Rate Ihres Regiments ist 3,5?! Und damit wollen Sie ins Fernsehen, Hauptmann? Wir sind doch kein Kasperletheater!
C.B.S.

Die Wirtschaft der 70er Jahre

Jetzt wird auch Deutschlands Top-Management nach modernsten amerikanischen Methoden geschult: der erste Kursus für Führungsnachwuchs der Wirtschaft wird, wie der „Spiegel" berichtete, in einem Kloster bei Bonn abgehalten. Dort werden die zukünftigen Wirtschaftsbosse täglich in strenger Klausur von 8 bis 20 Uhr gedrillt. Vorläufig allerdings nur theoretisch. Das amerikanische Vorbild ist da schon ein Stück weiter. In den USA werden bei ähnlichen Lehrgängen Jungmanager mit einer Blechbüchse, einem Messer und 10 Streichhölzern in der Wüste ausgesetzt. Sie sollen das nackte Überleben trainieren, um für den Existenzkampf in der Wirtschaft gerüstet zu sein. Nun, dieses Training wird sicher bald auch bei uns eingeführt. Wie es dann in unseren Betrieben aussehen wird, zeigt Chlodwig Poth in einigen exemplarischen Bildern von der Wirtschaftsfront.

Aus „Pardon", 1969

„Man merkt doch gleich bei einer Verhandlung, wer einen Managerkurs mitgemacht hat."

„Der Chef ist nicht zu sprechen, er bereitet sich auf eine wichtige Sitzung vor."

„Mull & Co. sollen ja in Zahlungsschwierigkeiten geraten sein."

„Kramer ist vom Lehrgang zurück. Er hat die Prüfung nicht bestanden."

FRANKENSTEIN LÄSST GRÜSSEN

Chlodwig Poth

Beispiel für die „Pardon“-Serie „Roman-Kompress“, 1969

Noch haben wir die technologische Revolution nicht verkraftet, da befinden wir uns schon mitten in der biologischen. Und die wird noch viel tiefergreifend sein als alles, was wir bisher erlebten. Jedenfalls behauptet das G. R. Taylor in seinem Bestseller „Die biologische Zeitbombe". Was laut Mr. Taylor in den

Labors unserer Biologen und Mediziner vor sich hintickt, läßt recht eigenartige Dinge erwarten, wenn es erst mal explodiert. Doch sehen Sie selbst: Chlodwig Poth zeigt Ihnen hier kompress Mr. Taylors Voraussagen – wobei darauf hinzuweisen wäre, daß er einige der Prognosen, der besseren Anschaulichkeit wegen, auf deutsche Gegebenheiten übertragen hat.

Etwa zu dieser Zeit sind die bewußtseinsverändernden Drogen in Pillen und vor allem in Gasform so vervollkommnet, daß ihrer nützlichen Anwendung nichts mehr im Wege steht (Abb. 1). Gedächtnislöschende Pharmazeutika könnten andere gravierende nationale Probleme endlich lösen helfen (Abb. 2).

Nehmen wir einmal an, zu jener Zeit wäre eine Persönlichkeit Kanzler, dessen hohe Intelligenz oft gerühmt wird, so kann er diese Intelligenz durch Anschluß seines Gehirns an einen Computer ins Unermeßliche steigern und absolut unschlagbar werden, und daher auch bleiben.

Sollte dieser Kanzler dann trotz intensiver Lebensverlängerung mit — sagen wir 135 Jahren sterben, so wäre das noch nicht schlimm. Sein Gehirn — rechtzeitig entnommen und am Leben erhalten — könnte getrost die Arbeit fortsetzen.

Aber das wäre schließlich auch nur eine Zwischenlösung. Deshalb hätte man — wie wir einmal annehmen wollen — dem Kanzler noch vor seinem Ableben auch einige Zellen entnommen, die man nach einem Verfahren, das man Cloonen nennt, zur Spaltung und damit zur Regeneration des Kanzlers bringen würde.

Sicherheitshalber in dreifacher Ausführung. Alle drei wären mit sich und ihrem „Vater" identisch wie eineiige Zwillinge und höchstwahrscheinlich auch unsterblich. Bums! Und damit wäre die biologische Zeitbombe dann geplatzt.

Aus „Pardon“, 1970

SANi! KAMERAD ZIMMERMANN HAT EINEN VOLLTREFFER ERWISCHT.
WIR WOLLEN SEIN EIN EINIG VOLK VON BAYERN, DENN BRANDT WILL UNSER VATERLAND VERSCHEUERN!
DAS VERRÄTERSCHWEIN BARZEL WILL VERDUFTEN. DA MUß ICH HINTERHER
1. BAYRISCHES ALPENKORPS
CSU
AXEL 1
DER ENDSIEG WIRD UNSER SEIN
NUR WER DEN EHRGEIZ KENNT, WEIß, WAS ICH LEIDE
TOLL! SELBST AN VORDERSTER FRONT BLEIBT ER EIN SCHÖNGEIST
WIR ERGEBEN UNS NIE
JCH MUß HINTERHER, BLOß, WIE MACH ICH DAS AUF MEINE FEINE ENGLISCHE ART?
CDU
KAMERAD BUBI, LEBST DU NOCH?
KLAR, JCH BEREITE DEN ENDSIEG VOR
BRIEFE AUS DER ZONE HIER ABGEBEN
POMMERN
SCHLESIEN
ZIEMLICH VERLORENER POSTEN DAS HIER, GEL KAMERAD ERICH?
DEUTSCH SEIN HEIßT EINE SACHE UM JHRER SELBST WILLEN TUN, KAMERAD SIEGFRIED
NPD

„Poth-Werbeberatung",
Fotocollagen
aus „Pardon", 1970

Chlodwig Poth

Mein progressiver Alltag

Aus „Pardon“, 1971

Aus „Pardon“, 1971

Ständige Beilage für alle, denen das Lesen zusammenhängender Texte Schwierigkeiten bereitet

Chlodwig Poth *Mein progressiver Alltag*

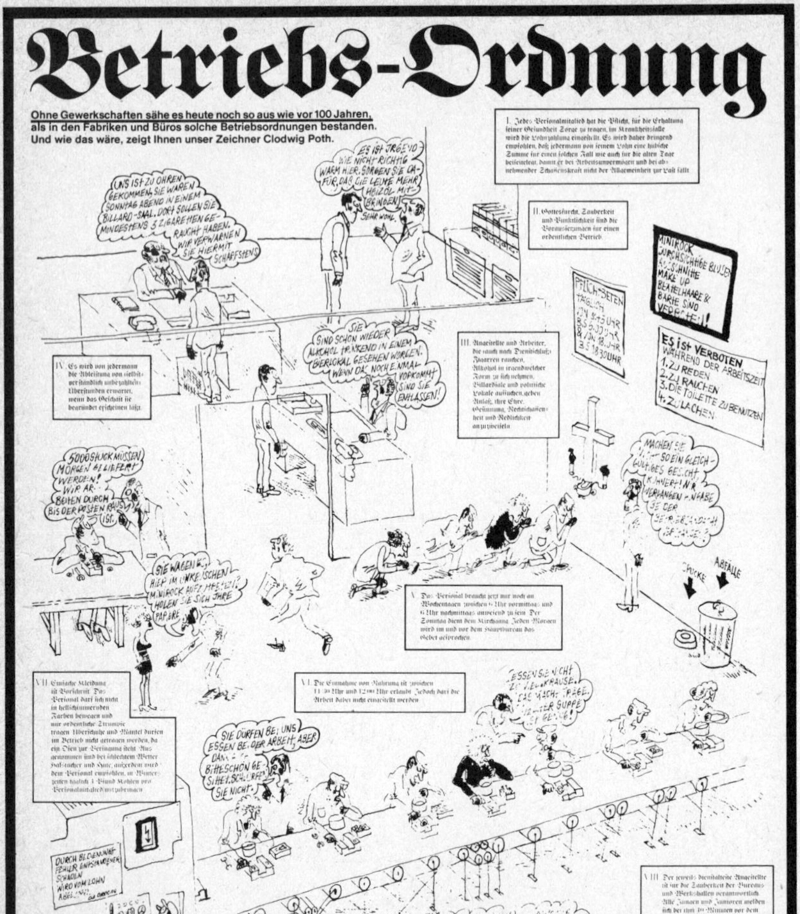

Aus „pro“, DGB-Magazin zur Mitbestimmung, 1972

Mit 39,8 Fieber zur Arbeit..?

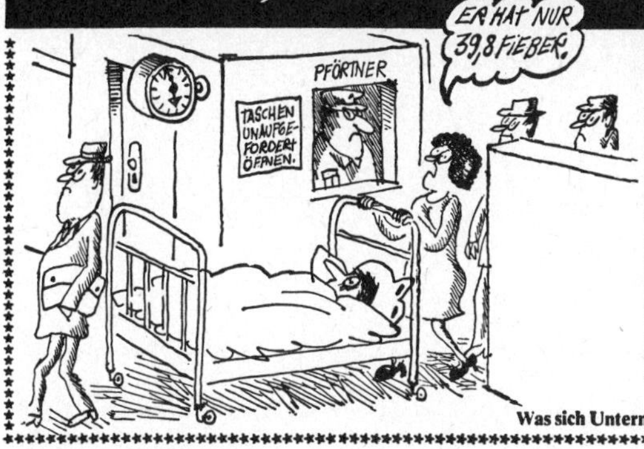

Frühkapitalistische Krankheits-Vorstellungen entwickelte die Stuttgarter Firma „Reifen Sigrist" in einem Brief an ihren Arbeiter Vlastimir Ilijiic. Dem Jugoslawen, der wegen eines Magenleidens krankgeschrieben wurde, teilte das Unternehmen mit: „Sie sind ein Simulant und versuchen die sozialen Leistungen eines Betriebes auszunützen. Wenn man wirklich krank ist: 1. Muß man 40 Fieber haben. 2. Muß durch eine Röntgenaufnahme die Arbeitsunfähigkeit festgestellt werden. 3. Muß eine Einweisung in ein Krankenhaus notwendig sein ... Sollten Sie am Montag Ihre Arbeit nicht wiederaufnehmen, so müssen Sie meine Schlafstelle räumen, und ich werde dann einen zuverlässigen, neuen Mitarbeiter einstellen."

Aus dem SPIEGEL

Was sich Unternehmer sonst noch leisten, lesen Sie auf S.3

Fast 7 Millionen DGB-Mitglieder

Immer mehr Angestellte treten bei.

Der DGB wächst und wächst. In den 16 Einzelgewerkschaften des DGB waren Ende 1971 fast 7 Millionen — genau: 6868622 — Mitglieder organisiert, ein Zuwachs gegenüber 1970 um 156000! Fast alle Gewerkschaften haben eine Zunahme an Mitgliedern zu verzeichnen, den stärksten die IG Metall mit 88827. Es folgen ÖTV mit 16848, IG Chemie, Papier, Keramik mit 14226 und Handel, Banken und Versicherungen mit 13670 neuen Mitgliedern.

Es fällt auf, daß insgesamt mehr Angestellte (79438) als Arbeiter (64287) den DGB-Gewerkschaften beitraten. Das ist ein erfreuliches Zeichen für die zunehmende Solidarität der Angestellten.

Unternehmer verdienen mehr als sie behaupten!

Im Februar 1972 kassierten Bund, Länder und Gemeinden 14,6 Prozent mehr Steuern als im gleichen Monat des Vorjahres. Das Lohnsteueraufkommen stieg noch stärker. Die meist vom kleinen Mann getragene Umsatzsteuer erhöhte sich dank der gestiegenen Kaufkraft um rund 400 Millionen DM. Die Einnahmen aus der Körperschaftssteuer der Unternehmen wuchsen durch „Nachveranlagungen", die beweisen, daß die Geschäfte der großen Bosse nicht gar so schlecht gingen, wie sie behaupten.

Aus „pro", DGB-Magazin zur Mitbestimmung, 1972

Aus „Vorwärts“, 1973

Aus „Vorwärts", 1973

Aus „Pardon“, 1972

Aus „Metall“, 1973
Zum Artikel „Sag, Mutti, warum muß ich denn dann dumm bleiben?“

Aus „Betrifft Erziehung“, 1973
Zum Artikel „Problem Hochsprache“ - Deutsch-Rahmenrichtlinien

Aktuell

Hochschulrahmengesetz

Zu Lasten von Lehrenden und Lernenden

Auf vielfache Kritik ist der Vorentwurf für ein Hochschulrahmengesetz gestoßen: Konservative sehen rot, Linke lehnen die rigiden Studienzeitbeschränkungen ab, die von Gewerkschaftern durchaus gutgeheißen werden.

Universitaten. Ihm will der Westberliner Senat durch eine Hochschulnovelle erweiterte Kompetenz zuschreiben.

Aus „Betrifft Erziehung“, 1973

Aus „Betrifft Erziehung", 1973
Zum Artikel
„Verschwiegene Mehrheit",
Rubrik Österreich/Lehrlinge

Aus „Betrifft Erziehung", 1973
Zum Artikel „Elterninitiativen"

Ausland

Aus „Betrifft Erziehung", 1973
Zum Artikel über die Schweizer „Alternativschule 1"

Aus „Pardon“, 1971

Aus „Pardon", 1974

PARDONs Rätselblatt zum 25. Geburtstag der Bundesrepublik:

Wie oft wird hier gegen das Grundgesetz verstoßen?

Die Bundesrepublik Deutschland, und damit ihr Grundgesetz, wird am 24. Mai 25 Jahre alt. Grund genug, dieses sicherlich zu den freiheitlichsten Verfassungen der Welt gehörende Gesetz zu feiern.

Grund genug aber auch zu fragen, ob dieses Grundgesetz schon in allen Punkten realisiert ist. Chlodwig Poth fixierte eine fast alltägliche Szene bundesrepublikanischer Wirklichkeit. Und er entdeckte dabei gleich 13 Verstöße gegen die Verfassung.

Finden Sie die?! Notieren Sie die entsprechenden Szenen-Nummern und vergleichen Sie Ihr Ergebnis mit Poths Ergebnis auf Seite 104.

WIR UNTERNEHMER HABEN NICHTS GEGEN KARIKATUREN
IM GEGENTEIL... SPASS MUSS SEIN, BESONDERS IN DIESEN SCHWEREN ZEITEN...
SPASS HABE ICH GESAGT, NICHT AGITATION UND ÜBERHAUPT...
...SIND WIR UNTERNEH=MER VIEL, VIEL NETTER ALS WIR IMMER DARGE=STELLT WERDEN -- ICH LIEBE KARIKA=TUREN, WENN SIE LUSTIG SIND...
GENAU!
..UND WENN SIE IM RAHMEN DER FREIHEITLICH DEMOKRATISCHEN ORDNUNG BLEIBEN!
CDU
73

Stefan Siegert

Stefan Siegert, geb. 1946 in Hamburg. Jugend und Schulbesuch in Hamburg. 1966 Abitur, danach Pionier in der Bundeswehr. Gefreiter der Reserve. 1968–1970 Studium der Geschichte und Germanistik in Tübingen. Bekanntschaft mit Marx, Engels, Lenin im Gefolge der Studentenrevolte. Ab 1970 an der Hochschule für bildende Künste in Hamburg. Studium der „freien" Kunst. Wohngemeinschaftserfahrungen, sehr freud-ig. Dann aber wieder Lust auf Arbeit und „ganze Sachen". Mit Beginn des Karikaturenzeichnens Ende 1971 („Morgenpost") Mitgliedschaft im MSB Spartakus und (1972) Eintritt in die DKP. 1973 Beitritt zur IG Druck und Papier.

Arbeit: 1971 bis Mitte 1972 „Hamburger Morgenpost" (angeblich SPD). 1971–1973 bei „konkret" (†). Zeichnungen für Basisorgane der DKP, für „UZ", daneben für „DVZ", Gewerkschaften, Uni-Zeitungen (SHB, MSB Spartakus u. a.), seit 1974 für „bühnengenossenschaft" (GDBA), für DAG (vornehmlich Jugend), Plakate, eine Demo-Puppe zur 72er HRG-Demonstration, politische Grafik mit karikaturistischen Elementen (Herbst 1974 erscheint der antiimperialistische Zyklus „VENCEREMOS", 10 Zeichnungen).

„Ihr habt's gut!" Denn wir sitzen ja, bei einem Glas Wein und einer guten Schallplatte, den ganzen Tag am Zeichentisch, tauchen die spitze Feder in Muße, haben unsern Spaß und verdienen auch noch Geld damit. Daß das nicht so schön ist, wie's wär, liegt nicht an uns Zeichnern. Die fortgeschrittene Konzentration und Zentralisation des Kapitals und damit die Monopolisierung politischer Macht und Kontrolle macht auch vorm Künstler nicht halt. Einziger immanenter Ausweg ist der Aufbau eines „Namens". Um wieder machen zu können, „was man will", muß man ein Star werden, wie bei jeder anderen Art Hure auch. Wer seinen Bauch ernähren will, muß machen, was die Herrschenden ihm auftragen. Das bringt was. In den seltensten Fällen bringt es Spaß. Mehr und mehr werden wir zu Heimarbeitern der Meinungsmonopole. Kollegen, die mit politischen Zeichnungen und Witzen ausreichend Geld verdienen, gehen tausend auf ein Lot. Aber wir müssen uns ernähren, seien wir Makrobiotiker oder seien wir Mitglied der DKP.

Es gibt nichts umsonst. Es gibt nichts an sich, Zeichnungen können nichts verändern - solange sie nicht im Zusammenhang des (weltweiten) Kampfes gegen die Feinde der Veränderung stehen. Es ist ja keine Glaubenssache, die Lohnabhängigen allgemein, speziell die Industriearbeiter, die kämpfenden Völker Asiens, Afrikas, Lateinamerikas, das siegreiche Proletariat in den sozialistischen Ländern für die entscheidende revolutionäre Kraft dieser Zeit zu halten. Im Unterschied zum „demokratischen" (der, der so lange dauert) zeigt uns der wissenschaftliche Sozialismus anhand praktischer historischer Erfahrung, daß ohne diese Klasse „nichts läuft", das nach vorn will, in ein besseres Morgen ohne Unterdrückung, Ausbeutung, Lüge, Haß etc. Ich zeichne also nicht an und für mich. Ich arbeite in dieser politischen Bewegung für die Menschen, die sie schon tragen, und für die, die sie noch tragen werden.

Als Mitglied der Deutschen Kommunistischen Partei versuche ich, die gesellschaftlichen Erfahrungen als Individuum mit Hilfe meiner speziellen Qualifikation, möglichst verständlich für die jeweilige Zielgruppe, lustig und lehrreich weiterzugeben, sofern sie typisch, also bemerkenswert sind. Ich arbeite politisch, indem ich mich bzw. bestimmte Erfahrungen und Einsichten zeichnerisch verallgemeinere (natürlich nicht nur zeichnerisch!). Es gibt dabei die verschiedensten Arten und satirischen Tricks der „Zubereitung", unter anderem auch den sogenannten „Holzhammer". Es gibt Leute, die sehen in unseren Zeichnungen zuerst und zuletzt und vor allem diesen Holzhammer. Sie möchten so gern, daß wir hintergründig, verschmitzt, ästhetisch anmutig und augenzwinkernd napalmverbrannte Kinder in Vietnam, viehisch niedergemetzelte Demokraten in Chile und alle anderen Verbrechen des Imperialismus „karikieren".

Sie wünschen nicht die Wut im Bauch, sondern den Schalk im Nacken. Natürlich stört diese Leute an unseren Zeichnungen weder der Holzhammer noch das „Überzogene", „Einseitige" und so weiter. Sie stört einzig und allein, daß ihnen das Monopol auf Klassenkampf (von oben) streitig gemacht wird. Aber alles Gute kommt von unten! Nicht für die Krupps (und ihre Helfershelfer in den Feuilletons) zeichnen wir, sondern für die Krauses (und ihre Helfershelfer in den fortschrittlichen Institutionen). Dabei wissen wir selbst sehr gut, daß wir es uns mit Hilfe des Holzhammers noch viel zu oft zu leicht machen – das ist eine Frage der Qualifikation und des Kräfteverhältnisses. Wir wissen aber auch, daß wir im Klassenkampf **alles** brauchen, was uns voranbringt, von der Pfauenfeder bis zum Holzhammer.

Die meisten meiner Zeichnungen stehen simpel und konkret im Zusammenhang der Information und Propaganda unserer Betriebszeitungen, Broschüren, Plakate, Flugblätter und in den Textspalten der „UZ“. Daneben arbeite ich für demokratische und sozialistische Bündnisorganisationen (Gewerkschaften, Juso-Gruppen, SHB, MSB Spartakus, SDAJ u. a.) Die dabei verwendete Form (Cartoon, Karikatur, Comic, Titel, Illustration, Plakat etc.) ergibt sich aus den aktuellen Erfordernissen. In meiner zweijährigen Arbeit für „konkret“ hatte ich Gelegenheit, mich als Anfänger in den verschiedensten Formen und Themen zu üben, politisch zeichnend und finanziell versorgt: eine selten glückliche Lage, die inzwischen auch nicht mehr besteht.

Also, als Kommunist kann ich machen, was **ich** will, als Ernährer meines Bauches muß ich meistens machen, was andere wollen. Dieser Widerspruch (trotz Ausnahmen, außerordentlich typisch) ist billigerweise nichts anderes als konkreter Ausdruck der allgemeinen Widersprüchlichkeit des Monopolkapitalismus. Aufhebung dieser Widersprüchlichkeit, also Einheit von Kopf, Herz, Bauch (Liebe, Arbeit etc.) ist nur im Sozialismus/Kommunismus möglich. Dafür – ganz weit gefaßt – arbeite ich zeichnend.

Stefan Siegert
Hamburg, 18. 6. 1974

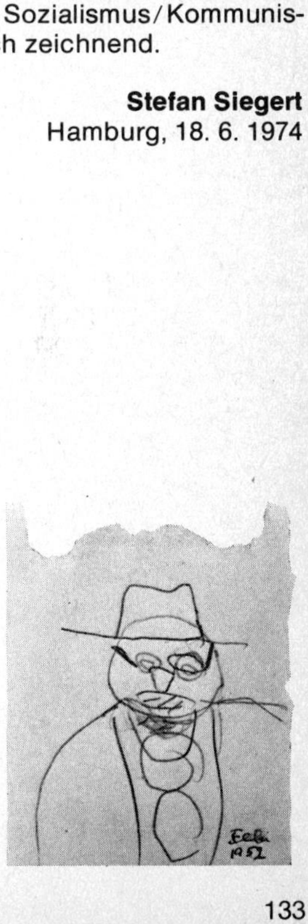

Die erste Karikatur: „Der Lehrer“, 1952

Aus „Notizen", Tübinger Studentenzeitung, 1968
Zum Artikel „Staat, Wirtschaft und Hochschule"

Aus „Hamburger Morgenpost", 1971

Aus „Hamburger Morgenpost“, 1971

Aus „konkret“, 1973

Aus „konkret“, 1972

Jürgen P. Stössel war medizinischer Leiter einer Ärztezeitschrift – bis er begriff, wie die Gesundheitsindustrie wirklich organisiert ist. Er schrieb darüber das Buch „Psychopharmaka – die verordnete Anpassung"* – und wurde prompt gekündigt. Denn er beschrieb zu genau, was die Menschen krank macht, und weshalb die Ärzte sie nicht mehr gesund kriegen. Dieser Bericht faßt Stössels Argumente zusammen

* Jürgen Peter Stössel: „Psychopharmaka – die verordnete Anpassung", Serie Piper, Band 33, 6,– DM

Die

Von 1927 bis 1972: In 45 Jahren sank der Anteil der Infektionskrankheiten von 20 auf 4 Prozent. Gleichzeitig nahmen Herz-, Gefäß-, Kreislauf- und Krebserkrankungen so stark zu, als wären sie ansteckend.

Der Grund dafür ist bekannt: Die Produktionskräfte entwickeln sich rasend schnell. Aus der ungeheuer intensivierten Arbeit und ihrer immer schlechteren sozialen Organisation entstehen seit einigen Jahrzehnten ganz neue Krankheiten.

Die „Managerkrankheit" des unter Streß zusammenbrechenden Organismus, trifft die Arbeiter am nervenaufreibenden Fließband häufiger als den Manager im abgeschirmten Büro. Was ist Streß?

Die Streß-Reaktion stellt den Organismus auf erhöhte Aufmerksamkeit ein, wie sie in den modernen Produktionsprozessen statt Körperkraft immer mehr gefordert

Aus „konkret", 1973

Qualität als Vorgang

Der zeichnerische Vorgang der Karikatur ist erfahrungsgemäß vermittelt mit der „Kopfarbeit". Technische Möglichkeiten des Zeichnens gehen bereits ein in die Ideenfindung, begrenzen oder erweitern sie. Wie die Karikatur in den politischen Kampf eingreift, so greift der politische Kampf in die Karikatur ein. Meine Arbeit als Beispiel: Wenn ich heutzutage zwei parallellaufende „Stile" des Zeichnens zur Verfügung habe, dann war das anfangs keine primär ästhetisch motivierte Entwicklung. Der eine Stil, aufwendig, versehen mit langwierigen Schraffuren, lecker anzusehen, hat sich für den Tageskampf als zu schwerfällig erwiesen. Die Herstellung dauert für unsere an Aktualität orientierten Basiszeitungen zu lange, sie sind zu groß für das Format dieser Zeitungen (A4) und relativ schwer reproduzierbar. Es hat sich auch gezeigt, daß aktuelle, agitatorische Ideen den aufwendigen Stil nicht füllen. Es entwickelte sich eine den Bedingungen des politischen Tageskampfes dienlichere Art der Zeichnung. Sie entspricht in Handlichkeit, Form und Aufwand besser den Erfordernissen. Sie ermöglicht z. B., ausgerüstet mit Feder, Papier, Tusche, an Ort und Stelle in den Umbruch einer Betriebszeitung hineinzuzeichnen. Natürlich haben auch die langwierigeren Zeichnungen ihre Funktion. Da die in ihnen verarbeiteten Ideen über den Tag hinausreichen, sind sie, als Titel, Illustration, Grafik-Poster u. a., geeignet für den Verkauf in Buchläden, an Info-Tischen etc. Der Klassenkampf greift in die Karikatur ein, indem er, verschiedene neue Qualitäten erreichend, verschiedene neue Qualitäten der Karikatur erfordert. Das ist das Schöne am Klassenkampf und an der Karikatur im Klassenkampf: Es gibt keine Langeweile.

Aus „konkret", 1973

Bedingungen

Eine Werkbank können wir erst zeichnen, wenn wir wissen, wie eine Werkbank aussieht. Einen politischen Kampf um Positionen (höherer Lohn, Mitbestimmung etc.) können wir erst zeichnen, wenn wir wissen, wie das Bewußtsein der Arbeiter einerseits, der Kapitalisten andererseits, wie die ganzen politischen und materiellen Bedingungen des Klassenkampfes aussehen (dazu gehört auch die Werkbank). Wir brauchen die lebendige Anschauung. Da wird die Notwendigkeit politischer Organisation ganz konkret. Wer wissen will, wie die Arbeiter aussehen, wie sie denken, wie sie leben, muß hingehen, wo sie sind. In den Gewerkschaften sind sie. Für mich sind sie in meiner Partei.

Informationsbroschüre der SDAJ, Titel, 1974

1973

1974

Plakat, zweifarbig, DIN A 1, 1973

Zeichen der Wählerinitiative der DKP

Zeichen der SPD-Wahlkampagne

Zeichen der CDU-Wahlkampagne

Hamburger Wahlkampf, 1974
Zwei Klassen, die dasselbe zeigen und sagen (Hummelfigur, Begriff „links", „Demokratie" etc.) meinen offensichtlich ganz und gar nicht dasselbe.

DIE WELT VON VORN BIS ACHTERN

Mors Mors

Fast unabhängig · ziemlich parteilich

FEBRUAR 1974 — HAMBURG-AUSGABE — PREIS: 1 GROSCHEN

Vom Senat subventioniert:

245 Millionen bar auf die Kralle

- Der Reynolds-Konzern sahnt öffentliche Mittel ab
- In den USA verboten, bei uns willkommen
- Die teuersten Arbeitsplätze der Welt

In den USA durfte der Konzern Reynolds Aluminium keine neue Fabrik bauen. Weil die Amerikaner lieber Luft atmen als giftiges Gas. Den Hamburger Senat störten die mangelhaften Sicherheitsvorrichtungen der Fabrik nicht. Er erlaubte die Industrie-Ansiedlung nicht nur, sondern zahlte noch drauf, um den gefährlichen Umweltverschmutzer aus Übersee an die Elbe zu locken. 245 Millionen Mark „Investitionshilfe"! 460 Millionen Mark „Ausfallbürgschaft". Runde 700 Millionen Mark setzt der Senat auf dieses Spiel. Für die Hamburger Arbeitnehmer fällt auch was ab: Genau 760 Arbeitsplätze! Mehr über die SPD Sozialpolitik auf Seite 4/5.

DKP 5 Prozent! Klausel versagt Demokratie futsch Alles umsonst!

Was die Sicherheit der Arbeitsplätze betrifft, ist die SPD mit Versprechungen immer vorn. Tatsache ist: Seit 1970 verloren 23.000 Seeleute ihre Arbeit bei Hamburger Reedereien. Und das, obwohl die Schiffahrts-Konzerne Subventionen in Milliardenhöhe kassiert haben.

Exklusiv Interview mit Augstein und Springer

Konkurs der klaren Köpfe

Die Schiete mit der F.D.P.

CDU-Blumenfeld: Und ewig pfeifen die Schweine

SPD FDP CDU

SCHLUSS MIT DEM AFFENTHEATER – ARBEITER IN DIE BÜRGERSCHAFT !!!

SPD lauwarm regiert, eiskalt kassiert!

Führende Hamburger Sozialdemokraten verdienen um 10 000 Mark im Monat. Wie geht das? (Seite 3)

WÄHLERINITIATIVE

Vitaminspritze ins Rathaus!

Bekannte Hamburger verraten, was sie wählen

Peggy Parnass
Franz Josef Degenhardt
Hermann Peter Piwitt
Peter Rühmkorf
und andere (Seite 7)

Titel der Wahlzeitung „Mors-Mors", DKP-Wählerinitiative, 1974

Karikaturen aus „Unsere Zeit“

UZ

WIR FORDERN: FREIHEIT FREIHEIT UND NOCHMAL: FREIHEIT
CDU
FÜR WEN ?
WERDEN SIE NICHT EINSEITIG !
CDU

SEIT BESTEHEN DER BUNDESREPUPLIK...
VERTEIDIGEN WIR UNTERNEHMER DAS GRUNDGESETZ...
VOR SEINER ANWENDUNG !

WAS WAR DAS DENN NUN MIT DER ÖLKNAPPHEIT, MIT DER KRISE UND SO ?
DAS WAR DOCH ALLES NUR SPASS !
UND WIR FORDERN 18% LOHNERHÖHUNG
SCHERZEN SIE ??
NEE, DAS MEINEN WIR SO ERNST WIE NOCH NIE !

UZ-Karikaturisten vorgestellt

„Für die Zukunft seh' ich rot"

Vom Räuber Hotzenplotz zum Gangster Nixon war ein langer Weg

Studiert hat er an der Hamburger Kunsthochschule, schon vor Jahren sah man seine Karikaturen bundesweit in Studentenzeitungen — besonders in denen des MSB Spartakus, für den er auch Zeichnungen für Plakate zu studentischen Wahlen anfertigte; dadurch wurde der Zeichner Stefan Siegert bekannt (St in einem Kreis mit einem Punkt auf dem t). Heute zeichnet Siegert auch viel für die UZ. Wir sprachen mit ihm in Hamburg.

UZ: Wie kamst du zum Karikaturen zeichnen?

Siegert: Ich habe immer schon gezeichnet — und eigentlich immer das, was mich am meisten interessierte: ganz früher zeichnete ich (wie alle Kinder) meine Eltern, Indianer und Cowboys, Lokomotiven, Räuber usw. Heute zeichne ich die Räuber unserer Zeit. Vom Räuber Hotzenplotz zum Gangster Nixon ist ein langer Weg. Er führte mich aus meiner Klasse heraus an die Seite der Arbeiterklasse. Seit 1972 bin ich Mitglied der DKP. So haben meine Zeichnungen einen Sinn bekommen, denn sie sind nützlich, werden gebraucht und das vergrößert den Spaß am Zeichnen ganz ungemein.

UZ: Wie entstehen deine Karikaturen?

Siegert: Erst ist der Anlaß da, das Thema. Es ergibt sich entweder aus Erfahrung im täglichen Leben, aus Zeitungslesen oder Fernsehen. Dann setze ich mich hin und zeichne sozusagen als Antwort darauf. Oder die Genossen aus den verschiedenen Gebieten unseres Kampfes (Betrieb, Wohngebiet, Schule, Universität etc.) rufen mich an und bitten mich, zu einem aktuellen Thema eine Karikatur „beizusteuern". Das muß schnell gehen. Ich habe deshalb eine „schnelle" Art zu zeichnen entwickelt: flächig, schwarz und weiß, keine Schraffuren (siehe die UZ-Karikaturen).

Stefan Siegert. Foto: Reichelt

UZ: Wie geht das mit der Ideenfindung?

Siegert: Mit sogenannten Erleuchtungen und Geistesblitzen kommt man da nicht weiter. Wir müssen eine möglichst genaue Vorstellung von dem haben, wozu wir eine zeichnerische Idee finden wollen. Wir Zeichner müssen folglich viel stärker als bisher den Kontakt mit den Grundorganisationen unserer Partei finden, wir müssen viel konsequenter mit den Betriebs- und Wohngebietsgruppen zusammenarbeiten. Ein Beispiel: Ich habe neulich das Titelblatt für eine Erstlehrjahresbroschüre Betriebsgruppe Howaldtwerke-Deutsche Werft (HDW) gemacht. „Es kam recht gut an", sagten die Kollegen, „aber vom Schiffbau hast du keine Ahnung". Wieso? Ich hatte auf das Titelblatt u. a. einen Schiffsrumpf auf dem Helgen nebst einigen Werkzeugen gezeichnet — und natürlich fiel den Werftarbeitern auf, daß da nichts stimmte. Das machte die Zeichnung weniger überzeugend, nahm ihr an Wirkung. Aber wir wollen doch wirkungsvoll arbeiten! Also versprachen mir die Genossen für den nächsten Stapellauf eine Eintrittskarte, „damit du dir alles

Das Monopolkapital und seine politische Mitte.

mal richtig angucken kannst!"

Aber an die Kollegen an der Basis herantreten, heißt andererseits auch, den Redakteuren unserer Zeitungen ganz klar sagen, daß Karikaturen keinesfalls „Lückenbüßer" sein dürfen! Karikaturen, wenn sie schlagartig und witzig den Tatbestand verklären, können absolut einen ganzen Artikel ersetzen. Zumindest müßten sie einen Text verdeutlichen, ihn in seiner Wirkung stärken, ihn „lesbarer" machen. Die Kollegen müssen bei der Gestaltung unserer Zeitungen der Karikatur die ihr zukommende Bedeutung beimessen. Auch aus Gründen des „Humors im Klassenkampf". Das ist ein sehr wichtiger Punkt.

UZ: Was machst du außer tagespolitischen Karikaturen?

Siegert: Unter anderem Geld verdienen. Erwähnen möchte ich noch die größeren, aufwendiger gemachten Zeichnungen. Im Herbst kommt auch ein antiimperialistischer Zyklus davon heraus. Sie sollen „lecker" anzusehen sein. Mit ihnen will ich fortschrittliche Inhalte in die gute Stube bringen. Neuerdings mache ich auch Zeichnungen für Kinder.

UZ: Wie geht's weiter?

Siegert: Da siehst du am besten mal in den Dokumenten des Hamburger Parteitages nach. An der Seite der Arbeiterklasse gibt es keine „Denkpausen". Es tut sich was und wir tun unseren Teil dazu. In meiner Arbeit gibt es hauptsächlich weiß und schwarz (Papier und Tinte). Mit dem Kölner Flöhen möchte ich zum Schluß die dritte sehr wichtige Farbe in meinem Leben nennen: „Für die Zukunft seh ich rot!"

HERR HOHLRABE, SIE FORDERN IM NAMEN DER CDU DIE WIEDERZULASSUNG DER CHILENI= SCHEN PARTEIEN?
JA, ABER NUR DER DEMO= KRATISCHEN PARTEIEN
WELCHE PARTEIEN SIND DAS BITTE?
DAS SIND ZUNÄCHST EINMAL DIE CHRISTLICHEN DEMOKRA= TEN, SOWIE DIE DEMOKRATI= SCHEN CHRISTEN...
DANN DIE CHRISTLICH-DEMOKRA= TISCHEN CHRISTEN, DIE DEMOKRA= TISCH-CHRISTLICHEN DEMOKRATEN UND DIE....
CHRISTLICH-CHRISTLICHEN CHRISTEN, FERNER UNSERE FREUNDE VON DEN DEMOKRATISCH-DEMOKRATISCHEN DEMOKRATEN SOWIE....
GUT, HERR HOHLRABE, WIE KANN MAN DIESE VIELEN DEMOKRA= TISCHEN PARTEIEN NUN VONEINANDER UNTER- SCHEIDEN?
GANZ EINFACH - ALSO: WÄHREND Z.B. DIE DEMOKRATISCHEN CHRISTEN 3 KNÖPFE TRAGEN....
...KNOPFEN SICH UNSERE FREUNDE VON DEN CHRISTLICHEN DEMO= KRATEN GLEICH 4 MAL..
DC
CD
1974

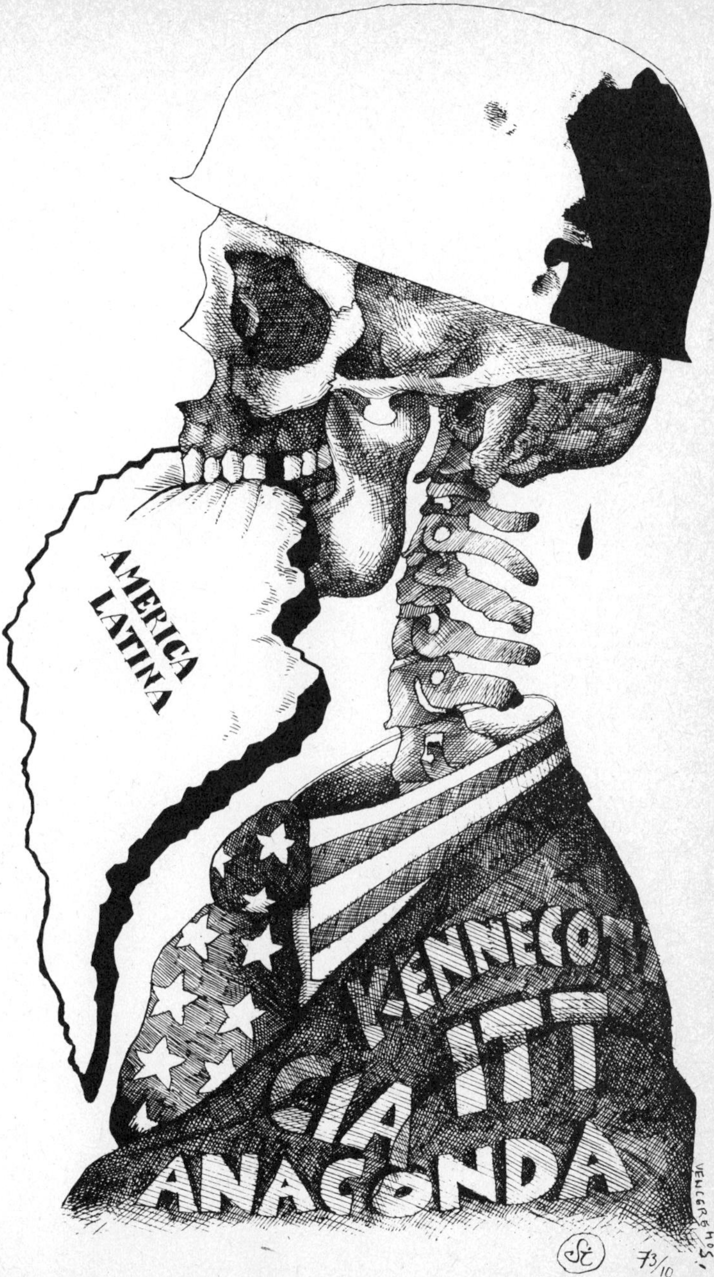

Aus „Venceremos“, antiimperialistischer Zyklus, erscheint im Herbst 1974

UNSERE ZUR ZEIT SCHÖNSTE BLUME

„Mondscheindialog zwischen Spekulanten“

RUHRT EUCH

UNABHÄNGIGE SOLDATENZEITUNG DES AKTIONSKREISES DEMOKRATISCHER SOLDATEN

Dez 1973 NR 6

1973–1974

Aus „Rührt Euch“, 1973, und „UZ“, 1974

F. X. Kroetz über Alfred Tetzlaff

Studentenmagazin Juni/Juli 1974 4. Jahrgang 1,– DM

rote blätter 19

Organ des Marxistischen Studentenbundes SPARTAKUS

HRG – Wie geht es weiter

DKP-Vorsitzender H. Mies über neue Bundesregierung

Berichte aus Portugal, Chile, Israel

Sonderbeilage
2. BV-Tagung
8./9. Juni 74

Plakat, zweifarbig, DIN A 2, 1974

Wahlplakat, zweifarbig, DIN A 2, 1974

„Chaot“

„Layout-Maskottchen“ der Hamburger AStA-Zeitung „ZAS“: „Zasso“. Hier in einen Foto-Strip hineinmontiert.

bildung z.T. katastrophale Zustände herrschen. Doch diese Situation ist für alle Bereiche des Bildungswesens charakteristisch.

Wenn aber etwa ausgebildete VR-Referendare als Lehrer in die Berufsschulen "abgeordnet" werden,

im Hinblick auf die Erh
Anpassungsdrucks an Prü
fungssituation und Prüf
te währe
gesamten
ausbildu
wie in s
Funktion
Scheinle
tion für
Ausschal
Referend
bewerber
hen werd
nächsten
ster wer
statt 23
mehr als hundert "überz
Bewerber sein).
Immer mehr Referendare

s ist leicht erklärlich, daß
ich unter diesen Umständen im-
er mehr gesellschaftspolitische

gument
teile.
Vorurt
tikomm
Damit
der je
chen I
Man f
für F
werde
geste
det m
gen a
schon
Gewer
deten
schen
einen
haltl

SEMINAR

l mit
ge und
len für.

"Priorität Bildung" unter die Räder der Konzerninteressen kommt.

Leh-
iros-
tudi-
n be-
en"
ambur-
Milli-
Aus-
sei-
er Mo-
inden
so dar-
die

Bilanz ausgeglichen?

Es wird nun suggeriert, daß gar kein Bedarf an VR-Lehrern bestü de. LSR Neckel: "Die Bilanz im Stellenplan der Volks- und Realschulen ist zur Zeit fast ausge-

ungen vor (Entwurf
rüfungsordnung-RPO).
dieser Grundsätze
rung der Regelstu-
bis 8 Semestern.
aftliche Anforde-
Erfordernisse der
ondern die festge-
t soll Ausgangs-
wickelnde Studi-

reformansätze
studium, Gruppen-
ung der Zwischen-
efährdet; der
ird erhöht, Ex-
chkeiten genom-

n totalen NC die
tgemacht worden
cht, die innere
les Studiums
r notwendige Aus-
en soll weiter
n - man will mit

lichst schnell durchsetzen wollten. Die 5000 teilnehmenden Studenten erkannten, daß diese SPD-Fraktion nur durch einheitliches, gemeinsames Auftreten aller Studenten gezwungen werden kann, von ihrer reaktionären Hochschulpolitik abzurücken.

In der Zeit bis zum Ablauf des Ultimatums versuchte die Hambur-

Aus verschiedenen Flugblättern des MSB Spartakus, 1974

Aus „bühnengenossenschaft", 1974

Mitglieder-Werbeplakat der Genossenschaft Deutscher Bühnen-Angehöriger (GDBA), 1974

Plakat, DIN A 1, 1974

Aus „Venceremos“, antiimperialistischer Zyklus, erscheint im Herbst 1974

XY

Ernst Volland

Ernst Volland, 1946 in Miltenberg/Main geboren, aufgewachsen in Wilhelmshaven, Abitur in Varel (Oldb.), schwierige Schulzeit (sieben verschiedene Schulen), wehruntauglich (Attest vom Psychiater). Ein Semester Kunstpädagogikstudium in Hamburg, neun in Berlin unter feudalen Zuständen. Bei zwei Leuten (Herbert Kaufmann und vor allem Wilhelm Hölter) etwas gelernt, Meisterschüler. (Schleim ist das Mal- und Bindemittel zwischen Professoren und Senat.) Anfang 1968 in West-Berlin, Einzelausstellung in West-Berlin und München mit phantastischer Grafik, Buchveröffentlichungen. Zur gleichen Zeit wirken sich die politischen Ereignisse direkt auf meine introvertierte künstlerische Produktion aus, ich bin unfähig, in der eingeschlagenen Richtung weiterzuarbeiten. Die Kunst verändert nichts, wir müssen uns selbst ändern. 1969 erste Kommuneerfahrungen, mein Atelier in Kreuzberg wird zum Experimentierfeld zwischenmenschlicher Beziehungen. Alle Versuche scheitern. Politisierung der Kunsthochschule, auch die meisten anderen Studenten malen nicht mehr. Ich reise durch Europa, Nordafrika. 1970 Gründung eines Kleinverlages mit zwei Freunden. Nach zwei Büchern geht die Luft aus, Freundschaft endet vor dem Kadi. Ich ziehe zur Freundin aufs Land.
Zaghafte Versuche, wieder künstlerisch zu arbeiten. Ich interessiere mich besonders für das Problem, durch eine künstlerische Produktion massenwirksam zu sein. Geeignetes Medium ist das Plakat oder Poster mit einem neuen Vertriebsnetz außerhalb von Museen und Galerien in Buchläden und Postershops. Das Poster, unsigniert, niedriger Preis, ist kein Objekt für Kunstspekulanten. Die Arbeit von Walter Benjamin mit der entscheidenden Aussage, die Kunst müsse sich durch die technische Reproduzierbarkeit dem Stand der Produktivkräfte anpassen, animierte mich dazu, die Reproduzierbarkeit nicht nur formal zum Prinzip zu erheben, wie es die Multipleskünstler praktizieren, sondern ich benutze die Reproduzierbarkeit als wichtige Grundlage, um fortschrittliche Inhalte in hoher Auflage verbreiten zu können.
Inzwischen sind etwa 15 Plakate zusammengekommen, die ich sehr gern in Kneipen, Hochschulen, Buchläden und bei politischen Veranstaltungen zeige. Die Auflagen sind relativ niedrig (1000–5000), da sie in keinem direkten Organisationszusammenhang einer Partei stehen, der für einen hohen Absatz über Medien und Mitglieder sorgt. Die Abbildungen zeigen eine Auswahl aus den Jahren 1971–1974.
Ein anschauliches Beispiel, welche Möglichkeiten der Vervielfältigungseffekt haben kann, zeigt der „Kursbogen“ zum „Kursbuch“ 31/73. Er besteht aus 42 Briefmarken, die man abreißen und (ver)kleben kann. Eine Auflage von 50000 ergibt einen maximalen Nutzungsgrad von 2 100 000 Stück.

Meine ersten Karikaturen erschienen 1973 im Katalog der Ausstellung „Klassenmedium Fernsehen" der Neuen Gesellschaft für bildende Kunst. Zweifellos hat das Fernsehen zur Zeit die größte Massenwirksamkeit, ein Problem, das mich in der Arbeitsgruppe stark interessierte. Um den Katalog etwas aufzulockern, habe ich Karikaturen gezeichnet.
Karikaturen und Cartoons (Ungerer, Steinberg, Grosz) faszinieren mich seit zehn Jahren, ich selbst zeichne aber erst bewußt, seitdem ich weiß, wie man sie einsetzen kann und welche Wirkung sie besitzen.
Ich bin Mitglied des VDSK, des BBK und gerade dabei, mit einigen Freunden ein Plakatkollektiv zu gründen. Vormittags unterrichte ich an einem Gymnasium in den Fächern Kunst und Werken. Es ist mir aus zeitlichen Gründen nicht möglich, in einer Redaktion tagespolitische Ereignisse zu karikieren. Meine Arbeiten und Figuren beschäftigen sich mit gesellschaftlichen Problemen, die nicht auf Seite 1 zwischen Nixon und Strauß zu finden sind, und die häufig gar nicht erwähnt werden. Ich bin freier Mitarbeiter bei „Pardon" (als Fliegenpilz), „Spontan", „DVZ", „Neues Forum" u. a. Dort kann ich meinen Beitrag nicht selbst bestimmen, die Redaktionen erhalten meine Karikaturen per Post und wählen selbst aus. Nach eigenem Geschmack.

Ernst Volland
West-Berlin, Juni 1974

Fotomontage als Plakat, dreifarbig, DIN A 2, 1971

Plakat, DIN A 2, 1971
Das Motiv wurde später (1972) als Beitrag in die „Straußmappe" übernommen

Plakat, DIN A 2, vierfarbig, 1972

Plakat, DIN A 2, 1972

Plakat, DIN A 2, 1972

Plakat, DIN A 2

Plakat, DIN A 2

Plakat, DIN A 2

Plakat, DIN A 1, 1973
Gemeinschaftsentwurf:
Hachfeld, Volland, Waller

Plakat, DIN A 1, 1973

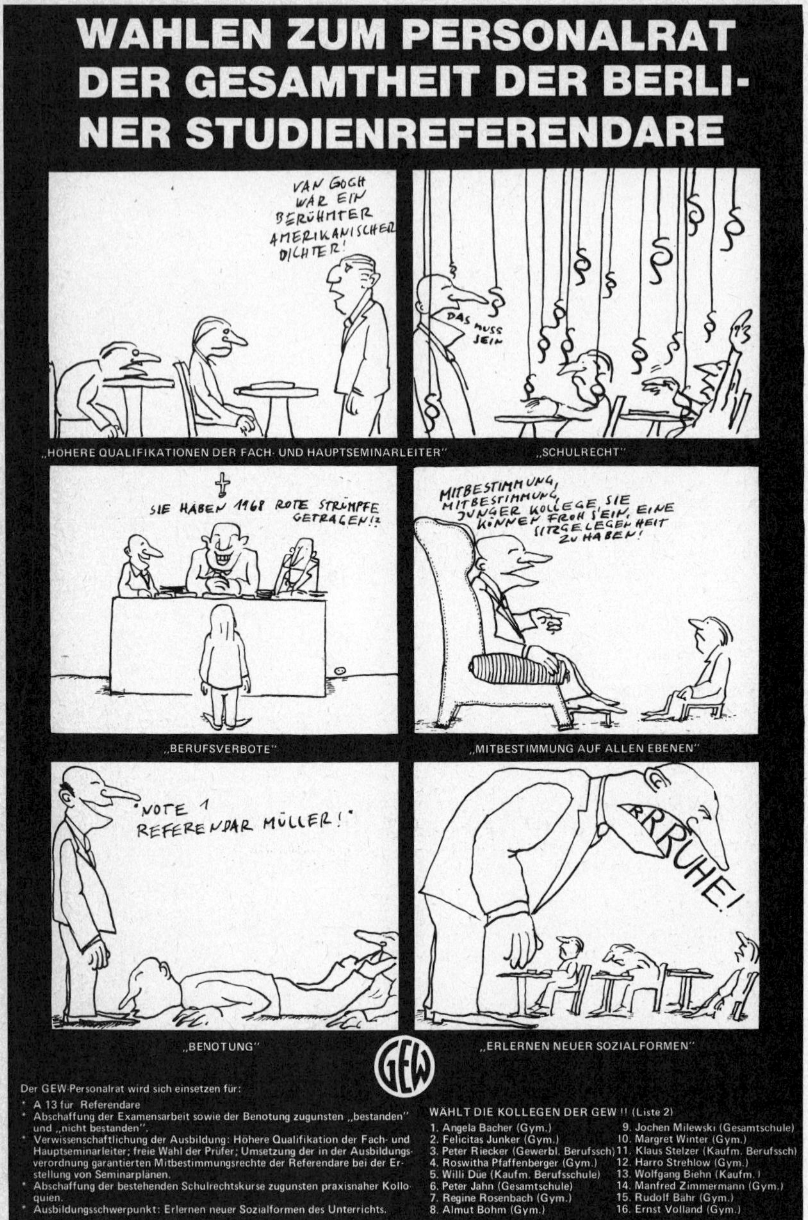

Wahlplakat für die GEW, DIN A 1, 1974

Ausschnitt aus dem „Kursbogen" zum „Kursbuch" 31/1973. Der Bogen besteht aus 42 Spendenbriefmarken, die man abreißen und kleben kann. Gedruckte Auflage 50 000 Bogen = 2 100 000 Stück.

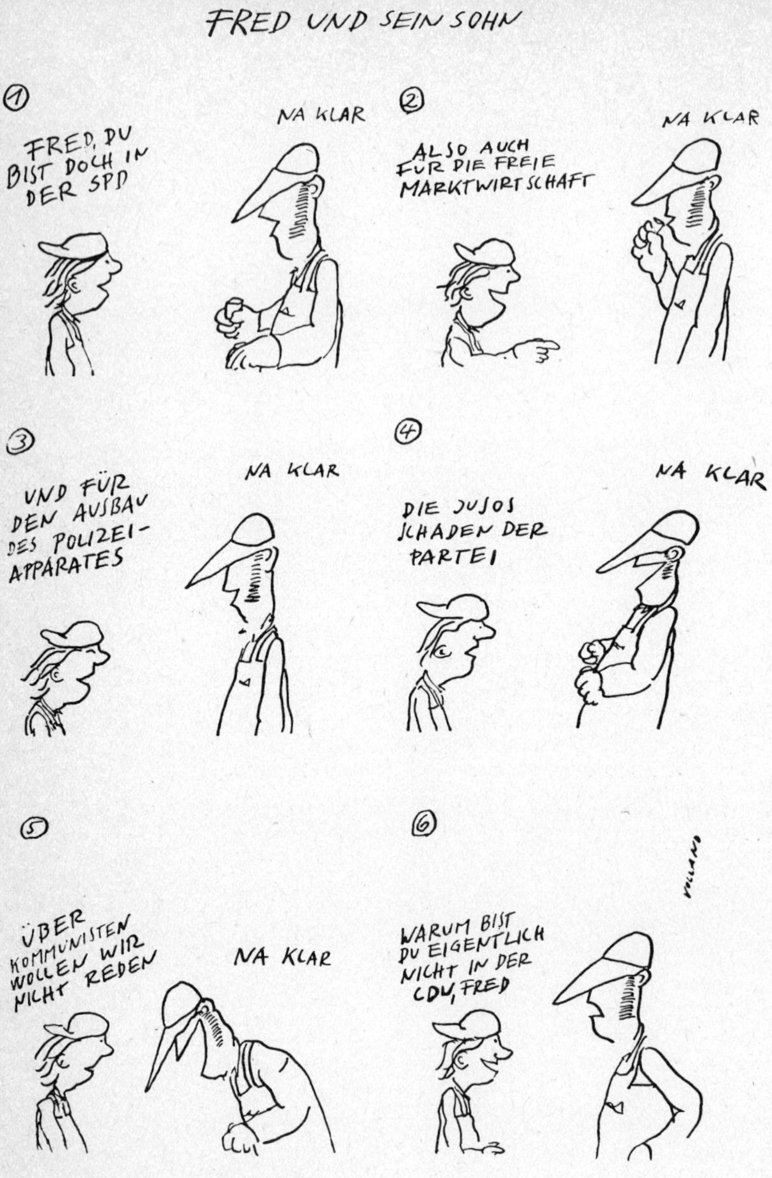

Aus „Spontan“, 1974

FRED + SEIN SOHN
FRED, DU HAST DOCH 'NEN OPA?
NA KLAR
MUSSTE DER FRÜHER IN DER FIRMA JEDEN TAG BIER HOLEN?
NA KLAR
UND JEDEN TAG AUSFEGEN?
NA KLAR
UND 3½ JAHRE AN EINER SCHRAUBE FEILEN?
NA KLAR
UND SICH TROTZDEM FREUEN, DASS ER LEHRLING SEIN DURFTE?
NA KLAR
SAG MAL FRED, SEH ICH AUS WIE'N OPA?

Aus „Pardon“

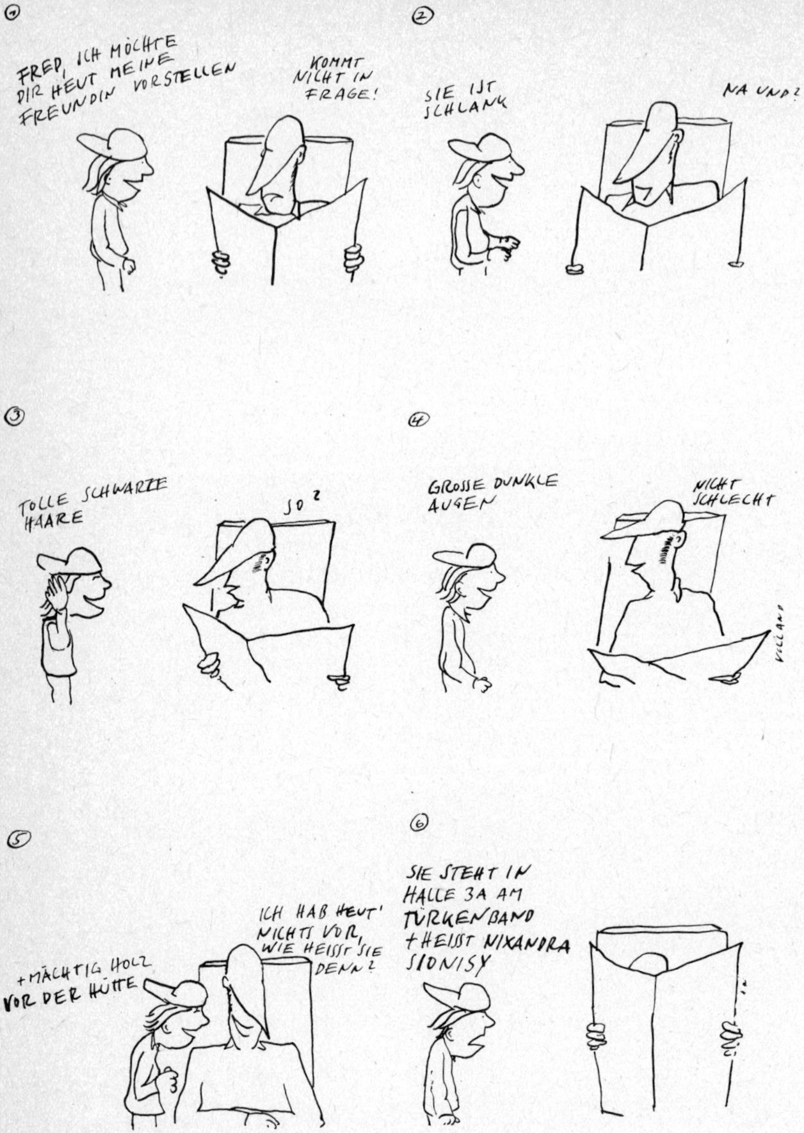
1
FRED, ICH MÖCHTE DIR HEUT MEINE FREUNDIN VORSTELLEN
KOMMT NICHT IN FRAGE!
2
SIE IST SCHLANK
NA UND?
3
TOLLE SCHWARZE HAARE
SO?
4
GROSSE DUNKLE AUGEN
NICHT SCHLECHT
VOLLAND
5
+ MÄCHTIG HOLZ VOR DER HÜTTE
ICH HAB HEUT' NICHTS VOR, WIE HEISST SIE DENN?
6
SIE STEHT IN HALLE 3A AM TÜRKENBAND + HEISST NIXANDRA SIONISY

Aus „Spontan“

Aus „Spontan“

1.
ALSO, ICH SAG IHNEN, DIE HEUTIGEN LEHRLINGE + SCHÜLER, ALLES KRUPPZEUG, SCHWÄCHLINGE!
2.
IN DEN ROTEN SAUHAUFEN MÜSSTE MAN MAL SO RICHTIG REINHAUEN!"
3.
IN MEINER JUGEND HAT ES SOWAS NICHT GEGEBEN.
4.
DAS WAREN ZEITEN! SCHÖNEN ABEND NOCH.

Aus „Pardon“

ANARCHIST
TROTZKIST
SOZIALFASCHIST
REVISIONIST
KLEINBÜRGER
1000 DM
- 400 MIETE
80 VW
20 GLOTZE
50 STROM
300 ESSEN
40 GERDA
100 KINDER
10 URLAUB

Aus „Spontan“

MEIN KLEINER SPATZ
GLEICH BEKOMMST DU NIVEA, DIE IST SOOO MILD
AUS REINEN PFLANZENSTOFFEN EXTRA FÜR DICH
DAS BESTE VOM BESTEN, WARTE ICH HOLE SIE DIR, SPÄTZCHEN
REIBST DU MIR WIEDER DEN SCHWANZ KRÄFTIG EIN, ALTE?

Aus „Spontan“

Aus „kürbiskern“

ZDF
MAGAZIN

NACHRICHTEN AUS ALLER WELT
TIK TIK TIK
dpa/UPI
TELEX 33
VOLLAND
AUS HAMBURG "DIE TAGESSCHAU"

Aus „Pardon“

Aus „Pardon“

Aus „kürbiskern“

Aus „BBK-Nachrichten“ (Berufsverband Bildender Künstler)

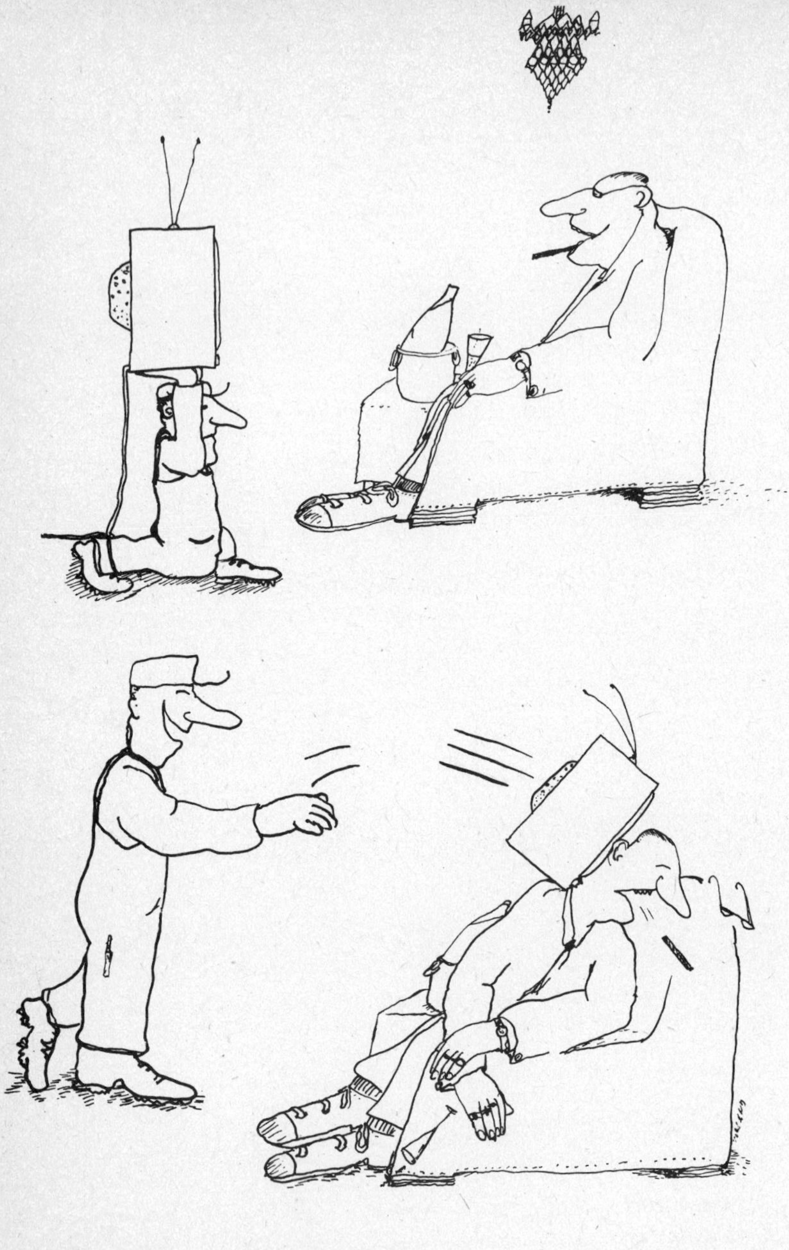

Aus „tendenzen“

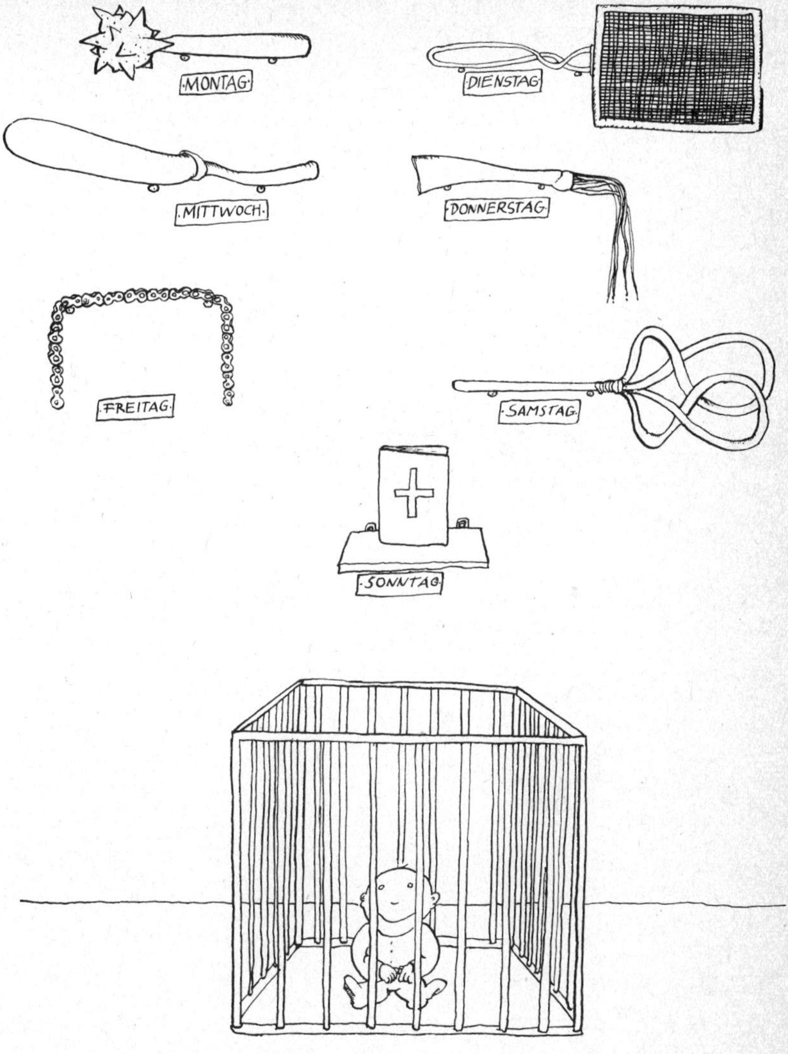
MONTAG
DIENSTAG
MITTWOCH
DONNERSTAG
FREITAG
SAMSTAG
SONNTAG

Aus „Pardon“

Aus „kürbiskern“

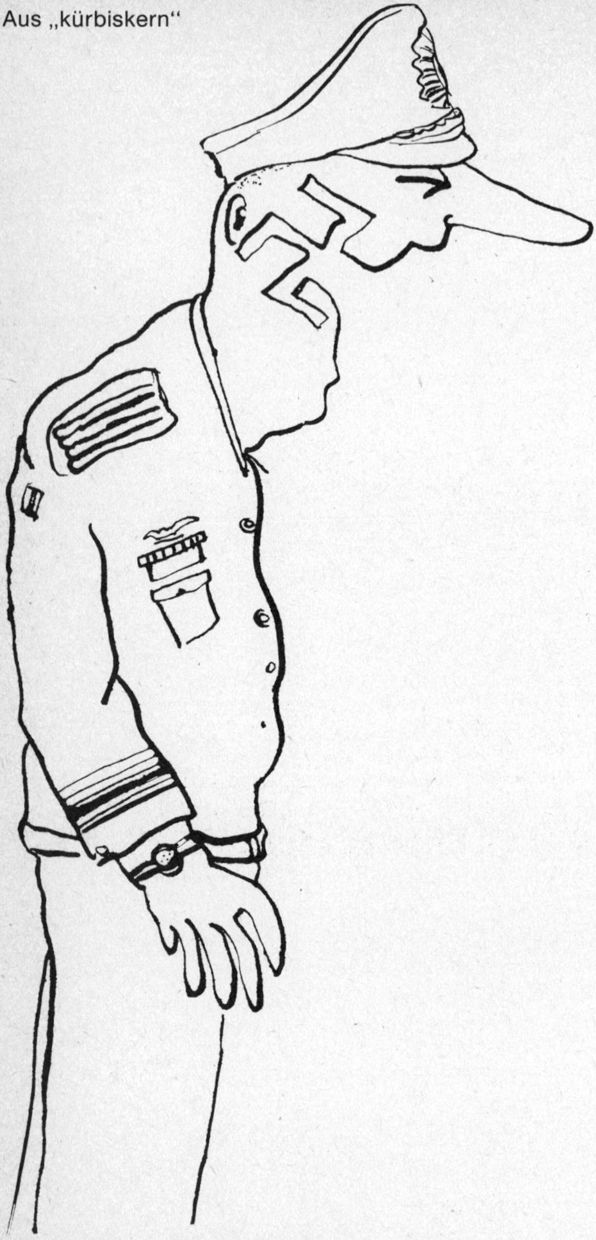

„SIE WOLLEN DIE WAFFE VERWEIGERN?"!"

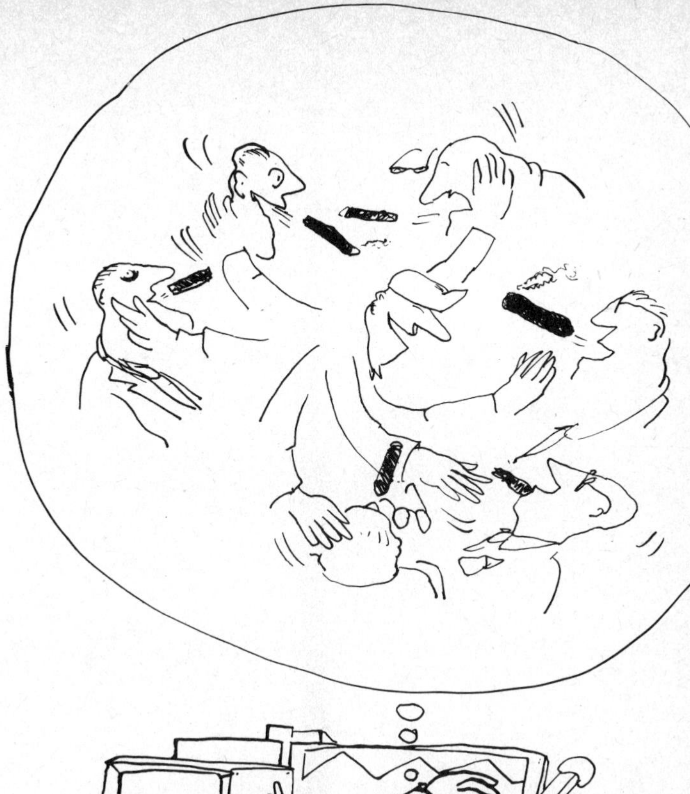

Aus „Neues Forum“

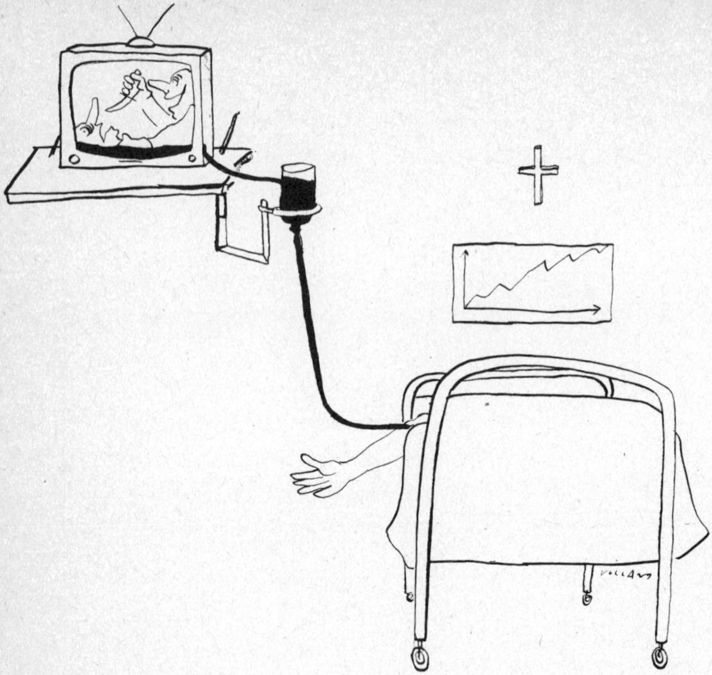

Aus „BBK-Nachrichten“

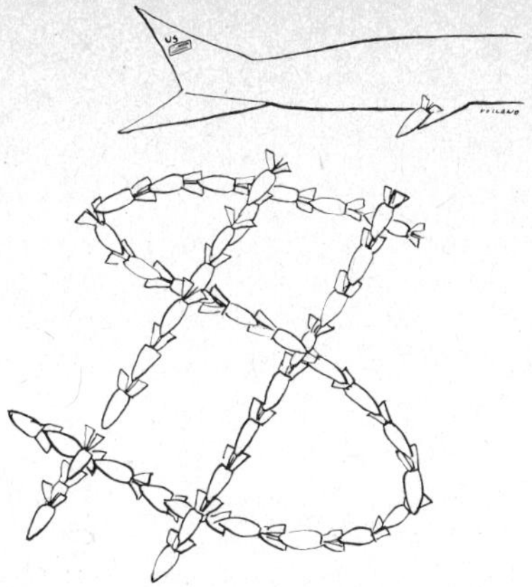

US

ITT
COLA
GM
IBM
FORD
PAN AM
CAMEL
PEPSI
ICH HAB KEINE LUST MEHR!

Aus „Pardon“

Kissinger sind an dieser großartigen Konstruktion vor allem die Zollmauern aufgefallen (Rede vom 23. April 1973): „Das Aufkommen eines geschlossenen Handelssystems, das die europäische Gemeinschaft sowie eine ständig wachsende Zahl anderer Länder in Europa, im Mittelmeerraum und in Afrika umfaßt, scheint zu Lasten der Vereinigten Staaten und anderer Länder zu gehen, die hiervon ausgeschlossen sind[20].“ Die Konfliktgebiete zwischen der „Regionalmacht Europa“ und den USA sind vorgegeben: Kampf um den **afrikanischen Markt,** um den **Mittelmeerraum** (wo die USA durch CIA-geborene Diktaturen eine starke Position aufgebaut haben) und in der Verlängerung der Mittelmeerachse die kommende große **Konfliktzone des Nahen Ostens mit seinem Erdöl.** (Kissinger cool: „Dies könnte eine Ära der Konkurrenz sein[21].“)

Je mehr Europa auf all diesen Plätzen in Erscheinung tritt, umso stärker muß die Versuchung für die beiden Supermächte werden, Westeuropa zu zerschlagen. Als staatliche Einheit (offiziell für 1980 angekündigt) wäre Westeuropa selbst eine Supermacht, und würde es wohl bald auch militärisch. **Wäre Westeuropa etwa entlang des Rheins geteilt, so stünden einander zwei Parteien gegenüber – eine deutsche Einflußzone auf der einen und Frankreich und Großbritannien auf der anderen Seite –, die beide nur zweitrangige Mächte wären** in der Größenordnung Japans bzw. Chinas. Auf die Idee eines engeren Bündnisses zwischen Frankreich und Großbritannien bezieht sich etwa Jean-Jacques Servan-Schreiber: „Großbritannien wäre innerhalb des gemeinsamen Marktes der denkbar beste Verbündete Frankreichs, um Europa eine Weltmarktstellung zu verschaffen[22].“

kommen vom März 1931) war der Sturz der Wiener Credit-Anstalt (Mai 1931) und der deutschen Großbanken (Juli 1931) durch massiven Kapitalabzug. Währungskrise, gegenseitige Abwertungen, Zusammenbruch des Welthandels und Arbeitslosigkeit folgten auf dem Fuße. So wurde aus einer Rezession die große Weltwirtschaftskrise. Politisch auslösend war die Konkurrenz zweier imperialistischer Zonenprojekte, nämlich „Anschluß“ versus „Tardieu-Plan“, oder, anders ausgedrückt, der Kampf zwischen Deutschland und Frankreich um den Balkan, den Deutschland über den Anschluß Österreichs und Frankreich über eine dem alten Österreich-Ungarn ähnliche Rekonstruktion des Donauraums in den Griff bekommen wollten. – **Wenn heute die Amerikaner ihr Kapital aus einem lästig gewordenen Westdeutschland abziehen, könnten sie damit eine neue Weltwirtschaftskrise auslösen.**

Brandt gibt sich nicht nur als Sprecher Gesamtwesteuropas, er macht auch Zonenpolitik für eine deutsche Einflußsphäre auf dem Kontinent; er schanzt an einer Reservestellung für den Fall eines Zerbrechens der EWG und der Wiedererrichtung einer **Zollmauer am Rhein.** Die Leitidee ist eine **mitteleuropäische Achse (Skandinavien–Westdeutschland–Österreich),** die durch eine gleichmäßige sozialliberale Politik stabilisiert werden soll. Brandt sagte auf dem SPD-Parteitag in Hannover, das sozialliberale Bündnis sei das entscheidende neue Element in der politischen Landschaft unseres Kontinents, „eine wetterfeste und zuverlässige Konstruktion, auf die Europa bauen kann und mit der man Europa bauen kann“. Egon Bahr soll (laut „Spiegel“) „nach dem Ausgleich mit dem Osten nun das sozialdemokratisch geführte Westeuropa zustande bringen[23])“

„DIE ASIATISCHE KÜCHE HÄNGT MIR ZUM HALS RAUS...
-- WIE WÄRS MIT ARABISCHER?“

Aus „Neues Forum“

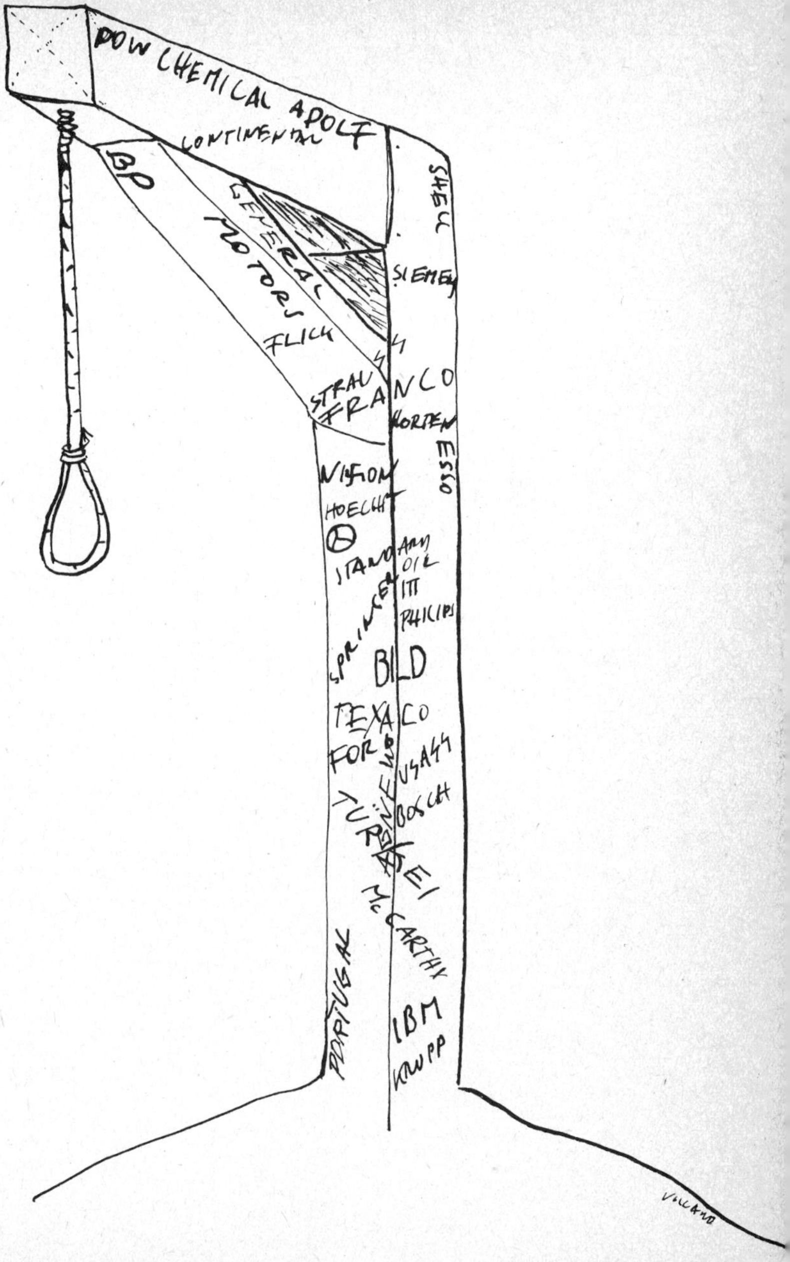

Aus „BBK-Nachrichten“

Guido Zingerl

Guido Zingerl, geb. 1933 in Regensburg, Bayern. 1952 Abitur. 1957 Dipl.-Ing. für allg. Maschinenbau (TU München). 1958 Brandreferendar bei der Berufsfeuerwehr Düsseldorf und West-Berlin. 1959 Wissenschaftlicher Mitarbeiter an der Uni München, ab 1960 freischaffender Maler, Grafiker und Karikaturist. 1969 Kulturförderungspreis der Stadt Regensburg. 1973 Lehrauftrag für politische Karikatur an der Fachhochschule Bielefeld. Mitglied der Gewerkschaft (Schutzverband). Mitglied der Redaktion „tendenzen", München. Freier Mitarbeiter bei der „Deutschen Volkszeitung", Düsseldorf, und „Unsere Zeit", Düsseldorf. Mitglied des Parteivorstandes der DKP.

Den Wenigen und Reichen in der Bundesrepublik gehören nicht nur die Konzerne und Fabriken, ihnen gehört auch die Kultur: ihre Kultur. Diese Kultur dient der völligen Zerstörung des Menschen im Sinne der Herrschenden. Darin möchte ich mir die Finger nicht schmutzig machen.

Ich zeichne und male für die Arbeitenden in diesem Staat. Ich kämpfe mit ihnen um mehr Gerechtigkeit, um mehr Rechte, um Mitbestimmung, um Sozialismus. Nur so hat meine Arbeit einen Sinn: Sie wird gebraucht, und ich finde neue Inhalte, ein neues Menschenbild, Solidarität. Ich bin parteilich, ich bin kein Zugucker, ich halte nichts von Genie und dem ästhetischen Elfenbeinturm.

Ich versuche volkstümlich zu sein. In Bayern ist das einfach und schwierig zugleich. Einfach, weil es noch echte Folklore gibt, schwierig, weil sie sich die CDU völlig einverleibt hat.* Aber Bayern ist eben nicht nur die CSU. Auch ihr schlägt einmal die Stunde.

Im Klassenkampf darf man auch lachen. Lachen stärkt und verbindet die eigenen Reihen. Die Arbeitenden müssen ihre Kraft, ihr Selbstbewußtsein entwickeln. Dazu brauchen sie einen neuen Kulturansatz. Dabei möchte ich mithelfen, darum bin ich Kommunist.

Guido Zingerl
München, Februar 1974

„Such's Kommunistl!"

* Siehe „Politische Volkskunst", aus der „Süddeutschen Zeitung" vom 8. Februar 1973

UZ-Karikaturisten vorgestellt

Guido Zingerl - ein Kommunist aus Bayern, der zeichnet und malt

„Mich interessiert das wirkliche Leben, die Menschen, ihre Probleme, ihre Fragen"

Karikaturen von Zingerl findet man in der UZ seit fünf Jahren, in Betriebszeitungen der DKP noch länger. Plakate von Zingerl werden in Demonstrationen getragen. Bilder von Zingerl werden auf Kunstausstellungen der DKP ebenso gezeigt wie in Gewerkschaftshäusern und bürgerlichen Galerien. Seit dem Essener Parteitag gehört Zingerl dem Parteivorstand der DKP an.

Über den Maler und Karikaturisten Guido Zingerl muß hier nicht geurteilt werden, das haben Betriebsarbeiter, die seine Zeichnungen in ihren Zeitungen drucken, längst getan. Über den Maler Guido Zingerl haben bürgerliche Kritiker viel geschrieben. Seine Ausdruckskraft wird von ihnen nicht bestritten, wenn er doch „nur, und nur Bayer wäre, anstatt auch Kommunist dazu". Womit wir beim Thema wären. Wer ist dieser Zingerl, der doch eigentlich Heinrich Scholz heißt, sein Maschinenbaustudium mit dem Diplomingenieur abschloß und zu den „schönsten Hoffnungen berechtigte", um mit den Honoratioren seiner Heimatstadt Regensburg zu sprechen. Wer ist Zingerl?

„Guido, wann hast du deinen Beruf an den Nagel gehängt und warum?"

„Eigentlich habe ich schon immer gemalt. Und eines Tages habe ich geglaubt, daß ich als Maler besser bin."

„Bist du als Maler besser?"

„Nichts gegen meinen ursprünglichen naturwissenschaftlichen Beruf. Aber zu ihm bin ich aus konventionellen Gründen gekommen. Elternhaus, Umgebung, Schule. Na, und eines Tages wollte ich anderen was sagen. Wollte mich ausdrücken. So wurde ich Maler. Von heut auf morgen. Ja, ich bin besser. Ob als Maler, müssen andere beurteilen. Aber meine Aufgabe erfüllt mich ganz."

„Das klingt ein bißchen idealistisch. War das wirklich so einfach?"

„Zunächst einmal gab es einen schlimmen finanziellen Einschnitt. Und dann kam ich in den Konflikt mit dem herrschenden Kunstbetrieb. Damals verfaßte ich Thesen gegen die abstrakte Kunst. Mich interessieren das wirkliche Leben, die Menschen, ihre Probleme, ihre Fragen. Und wenn man als Bauhilfsarbeiter seine Brötchen und Farben verdienen muß, lernt man etwas von diesem realistischen Leben kennen. Ja, und dann hatte ich plötzlich Kontakt zu Kommunisten. Das war 1961. Richard Hiepe, Carlo Schellemann waren meine kommunistischen Diskussionspartner. Was soll's, bald war ich selber einer, oder besser, war auf dem Wege, einer zu werden."

„Und heute? Was machst du?"

„Was alle Kommunisten machen. Ich versuche meiner Grundorganisation das Beste zu geben. Vertrete meinen Standpunkt und den meiner Partei im Berufsverband Bildender Künstler und in der Gewerkschaft Kunst. Gebe die Stafette weiter, will sagen, führe neue Künstler an die Arbeiterklasse und ihre Partei heran. Na und da ist dann noch meine Funktion im Parteivorstand. Wenn man dann noch malt, Karikaturen zeichnet, Grafiken und Plakate macht, Ausstellungen organisiert — dann geht es mir wie vielen unserer Genossen, viele Aufgaben und wenig Zeit."

„Was ist deine Definition deiner Karikatur?"

„Zunächst einmal sollen sie einen Klassenstandpunkt ausdrücken, sollen vom Arbeiter verstanden werden. Und sie sind dann meiner Auffassung nach gelungen, wenn man über sie wenigstens schmunzeln kann. Der Leitartikler versucht, einen Hauptgedanken mit vielen Argumenten seinen Lesern zu vermitteln. Ich versuche einen Gedanken, von dem man annehmen kann, daß er viele arbeitenden Menschen bewegt, durch die Karikatur zugespitzt und verständlich darzustellen. Gewiß, nicht immer gelingt mir das. Ich lerne dann aus Diskussionen mit Betriebsarbeitern, aus dem, was andere Genossen auf dem Gebiet der Karikatur leisten."

„Guido, an welchem Bild malst du zur Zeit?"

„An einem Bild, das den Kampf der Bauern um ihre Befreiung von Thomas Müntzer bis in die Gegenwart zeigt. Es besteht aus drei Teilen. Die Darstellung des großen Bauernkrieges. Die befreiten Bauern in der sozialistischen DDR. Und der Kampf der Bauern in der Bundesrepublik, dargestellt am Leben und Wirken meines Freundes, des Genossen Richard Scheringer."

Guido Zingerl (rechts) im Gespräch mit Fritz Noll.

Soweit mein Gespräch mit Guido Zingerl, dem Maler, Grafiker, Karikaturisten und Kommunisten aus München. Ach, wem es noch nicht aufgefallen sein sollte: Zingerl ist Bayer. Durch und durch. Für ihn ist die Überquerung des Mains in nördlicher Richtung schon ein Abenteuer. Dafür kennt er sich um so besser in den Bergen aus, es gibt wohl keine alpinistische Tour, die Zingerl als Student nicht bezwungen hätte.

Fritz Noll

Interview aus „Unsere Zeit", 1974

Politische Volkskunst

Guido Zingerl in der Galerie TamS

Guido Zingerl (Pseudonym nach einem österreichischen Kindermörder), geboren 1933 in Regensburg, dort 1969 mit dem Kulturpreis ausgezeichnet, obwohl er der tausendjährigen Vergangenheit seiner Vaterstadt ein nicht gerade schmeichelhaftes Bild der Abhängigkeit von Kirche und Faschismus gewidmet hat, ansässig in München, zeigt seine neueren Arbeiten zur Zeit in der Galerie des Theaters am Sozialamt in der Haimhauser Straße. Wie Freunde berichten, steht Zingerl in aller Früh auf, um bis Mittag zu malen, der Nachmittag gehört der Parteiarbeit in der DKP.

So wie engagierte politische Arbeit und Kunst für ihn im Leben zusammengehören, so konsequent verbinden sie sich in seinen Bildern, die bis auf seltene Landschaften allesamt gesellschaftliche und politische Themen formulieren: Die Kunst als Hure, weil sie von den reichen Leuten abhängig ist, die sie bezahlen (können); die Grundstücksmisere: *Der bayerische Hiasl treibt den Finck aus,* — aber wenn man das Bild genau anschaut, sieht man dem Bedrängten schon die Staatsgewalt zu Hilfe eilen; die Rolle der Frau in unserer Gesellschaft — mit ein paar Alternativen —, *das Bild vom großen Föhn,* darstellend den Vorsitzenden einer großen bayerischen, christlich sozialen Partei, wie er mit seinem Gefolge dem Bayern das Hirn belagert; die Rolle der Kirche, ein Bild mit einem besonders schönen jener für Zingerl typischen Titel: *Wem die Filtzläus unterm Rock seyn, dem helfft keyn Weihrauch;* und das große siebenteilige Bild *Mechanismus einer sogenannten Demokratie,* auf dem Zingerl das Funktionieren des „Staatsmonopolistischen Kapitalismus" vorführt.

Zingerl bedient sich zur Formulierung seiner Themen volkstümlicher Mittel. Er greift auf die Ästhetik bayerischer Hinterglasbilder und Votivtafeln ebenso zurück wie auf die der politischen Karikatur. Zielgruppen im Auge, die der Aufklärung bedürfen, fügt er außer den Titeln selbst erklärende, pointierende, kommentierende Texte und Worte in die stationenhaft aufgebauten Bilder ein. Sie erfüllen den gleichen Zweck, die Inhalte unzweideutig zu machen, wie signalhafte Zeichen und die polemisch witzige Zuspitzung der Gesamtsituation, mit der er einen bestimmten Sachverhalt illustriert. lä

Aus „Süddeutsche Zeitung", 1973

BB
WAS EIN KIND GESAGT BEKOMMT
KARTOFFELN SIND GESUND
EIN KIND HALT DEN MUND
ELTERN
JASMIN

J. P. Stössel

Langer Marsch

1

Angefangen hat es damit daß
Zingerl anrief Aber damit fangen schon
die Schwierigkeiten an beim Schreiben
der Wahrheit

Der den ich Zingerl nenne
nennt sich nämlich wirklich so
obwohl er wie es heißt in Wirklichkeit
Heinrich Scholz heißt
Wer's nicht glaubt
kann ja anrufen in Gröbenzell
wo er wohnte zu der Zeit
als ich dieses Gedicht schrieb

das eigentlich
gar kein Gedicht ist
jedenfalls ist es mir egal
ob die Kinder in der Schule
einmal lernen müssen Das
sei ein Gedicht

Denn es war doch einfach so
daß Zingerl anrief ob wir mitgehen wollten
Pilze suchen
so als ob
wir mitgehen sollten
zu einer Demonstration

Also gingen wir
in den Wald
und wenn ich jetzt
die Menschen sehe auf den Bildern
von Zingerl weiß ich
daß es kein Umweg war

Obwohl ich später
noch ein Stück weiter
zurückgehen mußte um anzufangen
waren wir auf dem richtigen Weg

2

Hier
könnte es gewesen sein
wie zu Großmutters Zeiten
sind die guten alten
Bäume noch grün
und Wölfe kommen
nur im Märchen vor

Also
in so einem Wald war's
daß ich zum ersten Male
mein blaues Wunder erlebte
als Großvater den Hexen-
pilz mittendurchschnitt
aber was giftig aussah
schmeckte unheimlich
gut

und auf dem Heimweg
stolperten wir über ein Nest
Schafchampignon
ich erinnere mich
mitten im Kriegssommer 44
springlebendig
die grashüpfende Wiese

wo es plötzlich
nach Weihnachten roch
das war
der Anisgeschmack der gebackenen
Märchenbilder für die meine Mutter
Weißmehl hamsterte
als wir mit der Nase
am Boden lagen
unter dem Dröhnen
der Tiefflieger

3

Erinnere ich mich wirklich
oder hab' ich das nun
gelesen oder
schreib ich das nur
weil ich schreibe?

Aber warum
schreib ich nicht einfach
daß ich Hunger hatte?

4

Als ob
das so einfach wäre

5

Heute zum Beispiel
suchten wir Abwechslung
im Wald
fanden Cola-Büchsen
Zigarettenschachteln und
Plastiktüten die auf den ersten Blick
aussahen wie Pilze

Aus „Deutsche Volkszeitung", 1973

6
Pilze
stell dir mal vor
im Atomzeitalter
sind immer noch mögliche
Ursachen
plötzlicher Todesfälle

7
Woran
wenn ich nicht mehr schreibe
wird mein Sohn
sich erinnern?

8
Also
warum schreib ich nicht gleich
von der Zukunft?

Sie hat schon begonnen
lese ich
mitten im friedlichen Sommer 73
legen Arbeiter spontan
die Arbeit nieder

9
„Endlich“
höre ich einige aufatmen
„kommt er zur Sache“

Aber warum denn
so eilig Freunde
habt ihr noch nicht
gegessen heute kein Bier
getrunken
und geht euch nicht auch
das Gefühl nackter Haut
manchmal mehr unter die Haut
als das Bewußtsein
eure Haut zu Markte zu tragen?

10
Sieht
wer die Bäume noch
sieht nicht mehr
den Wald?

Das heißt
würde Uwe sagen
der die Redensart der Studenten
nicht los wird
obwohl er als Arbeiter
angefangen hat
und erst auf dem zweiten
Bildungsweg weitergekommen ist

das heißt
würde er sagen

verliert
wer von seinen eigenen
Erfahrungen ausgeht
den gesellschaftlichen Zusammenhang
aus den Augen?

11
Aber was sagt es
dem Arbeiter
wenn wir ihm sagen
daß er ausgebeutet wird?

Was wir unter Entfremdung
verstehen ist ihm so fremd wie uns
seine Arbeit also versteht er
uns nicht weil wir
seine Entfremdung nicht verstehn

12
Lautlos
lacht Zingerl
hinter seinem Bart

Während er mit der Tuschfeder
dem „bairischen Hiasl“
den Henkel eines Maßkrugs
in die Faust drückt
als Sichel und auch den Hammer
nicht vergißt

13
Natürlich hätte ich das
gleich sagen können:
Zingerl ist Kommunist

Aber das sagt
nur denen genug
die wissen was sie zu verlieren
haben
wenn wir uns erinnern
an das Recht
menschlich zu leben

Hier ist der erste „Rote Strip". — Zwietsch jetzt in jeder Nummer der AZ. — Vom bekannte

Aus „arbeiter zeitung" und „Unsere Zeit", ab 1968

Münchener Maler und Graphiker Guido Zingerl. — Viel Vergnügen!

„Zwietsch auf Wahlreise" erschien in „az" und „uz" in 20 Folgen

Zwietsch UND SEIN FREUND CHARLIE GEHEN AUF WAHLREISE FÜR DIE ADF
Zingerl
JA
UND DU HILFST MIR AUF DER WAHLREISE? CHARLIE!
SCHAU, DIE VIELEN KIRCHEN! DAS MUSS NIEDERBAYERN SEIN
UND IMMER GRÜSS GOTT SAGEN ZWIETSCH!
ADF
ADF

Zwietsch AUF WAHLREISE: NIEDERBAYERN
Zingerl
GASTHOF ZUR POST S. HUBER
J. HUBER UNTERWIRT
OBERWIRT B. HUBER
ZUM OCHSENWIRT
DIE WAHLVERSAMMLUNG SOLL IN DER KNEIPE SEIN ????
MARIA MUTTER GOTTES HEILIGE JUNGFRAU, BITT FÜR DIE ADF
GRÜSS GOTT, HOCHWÜRDEN! DIE ADF-ANDACHT IST IN DER KIRCHE HERNACH ZUM BIER
...UND DRUM: LEUT, WÄHLT'S DÖ ADE EFF
O MEI
ADF
DÖS IS A ROTER! DÖS IS GAR NET DIE AKTION DER FROMMEN HAUTS ZUA!
DANKE CHARLIE DAS WAR KNAPP

Zwietsch AUF WAHLREISE: BAYREUTH.
Zingerl
VERZEIHUNG, HERR NACHBAR! WO IST HIER DIE WAHLKUNDGEBUNG
UNSERE NPD TAGT IM GASTHOF ZUM BRAUNEN OCHSEN
!
HALLO HERR LOHENGRIN WIE GEHTS DENN SO? NEUER SCHWAN?
JA, DEM LERN ICH GERADE SPRECHEN! ADF KANN ER SCHON SAGEN!
ADF
STUMM UND MIT ADF BEMALT FINDE ICH SOGAR DEN RICHARD WAGNER ERTRÄGLICH
ADF

Zwietsch UND DIE UZ
Zingerl
UZ
ZWIETSCH? SIE SUCHEN ARBEIT?.... WAS KÖNNEN SIE?..VORSTRAFEN?
ZWEI MONATE ARBEITER-ZEITUNG... KEINE BEZIEHUNG ZU SPRINGER
AUSSERDEM IM WAHLKAMPF TÄTIG FÜR DIE AKTION DEMOKRATISCHER FORTSCHRITT ADF
HERZ ROT UND STETS AUF DEM LINKEN FLECK. IMMER FRECHES MUNDWERK UND BISSIGEN HUMOR
ROT
UND JETZT DIE WAHRHEIT: UZ HEISST NATÜRLICH: UNSER ZWIETSCH

Die letzte Ölung.

Z.
„Dort oben sitzt der Baron von Finck."
„Und weswegen?"
„Wegen Bodenspekulation!"

HYPO BIER LÖWEN BANK
Profit
Z.
700 Millionen Grundbesitz in München

Thema: Lohnabhängige gegen Kapital

Aus „Unsere Zeit“ und „Deutsche Volkszeitung“

Wir Unternehmer stehen vor einem Abrund . . . von Profit.

Die Preis-Profit-Spirale
„Schönes Exemplar!
„Wir füttern sie auch gut!"

WIR ARMEN UNTERNEHMER
PROFIT
„Der große Verschleyerer!"

BOSCH
VORWÄRTS, RUDERT KRÄFTIG, DENN WIR SITZEN ALLE IN EINEM BOOT!!!
PROFIT

"Und wenn wir den Karren in den Dreck fahren?"
„Na und? Da unten warten ein paar Millionen Arbeitslose, die uns gerne rausziehen!"

Wir kämpfen gegen die Entlassungen!
Fristlos entlassen

Aus „Unsere Zeit“ und „Deutsche Volkszeitung“

„Es ist derselbe!"

RICHTER — INGENIEURE – ÄRZTE – LEHRER
.... IM GLEICHSCHRITT .... MARSCH!

Höhere Mathematik
selbstverständlich ideologiefrei

Leberschaden.

„Von hier haben wir eine gute Übersicht über den Bildungsgesamtplan des Ministeriums für Bildung u. Wissenschaft."

Thema: Berufsverbote

Aus „Unsere Zeit“ und „Deutsche Volkszeitung“

„Schon wieder einen erwischt!“

Auf frischer Tat ertappt: Verfassungsfeindin beim Tragen illegalen Propaganda-Materials!

Ich bin klein, mein Herz ist rein, Kommunisten dürfen nicht hinein.

Plakate,
zweifarbig,
DIN A 2, 1973

Ingrid Scholz
40 Jahre
med. techn. Assistentin
Spezialistin
am Elektronenmikroskop
hervorragende Zeugnisse
15 Berufsjahre im
öffentlichen Dienst
2 Jahre Betriebsrats-
vorsitzende am
Max Planck Institut
Mitglied der
Gewerkschaft ÖTV
Mitglied der DKP
beschäftigt an der
Universität München,
entlassen zum 30.6.74
aufgrund des Beschlusses
der Regierungschefs von Bund u. Ländern
vom 28. Januar 1972 und der Bayrischen
Regierung vom 25. April 1961 und 27. März 73
in Anlehnung an die Berufsverbote unter
Bismarck und Hitler.
Meiner Frau und Genossin Ingrid gewidmet
in Liebe, Solidarität und mit großem Zorn
auf die Verfassungsfeinde in der Bayrischen
Regierung und in der Universität München
München, den 1. Mai 1974
Guido Zingerl

Beitrag zur „Straußmappe“, 1972

Plakate,
zweifarbig,
DIN A 2, 1973

BAYRISCHES BAROCK ?
ZINGERL
NEIN, BÖLKOW
KAMERADEN
100000 DM
BIST DU NICHT MEHR RÜSTUNGSMANAGER ?
NEIN, STAATSSEKRETÄR VERTEIDIGUNG !
WAFFEN SIND TOTES KAPITAL ...
PROFIT
INFLATION
KURZARBEIT
KRISE ...
... DANN BRAUCHEN DIE UNTERNEHMER WIEDER EINEN ..
CSU
KRIEG
SIEHE US-KRIEG IN VIETNAM
JETZT KÖNNEN WIR UNS NOCH DAGEGEN WEHREN !
MILLIONEN SIND STÄRKER ALS MILLIONÄRE
STOPPT DEN MILITARISMUS JETZT !

Kalender 1974, Titel

„Sie herrschen frei und ermahnen das Volk zur Knechtschaft"
Aus: Zeichnungen zu Georg Büchner „Der hessische Landbote"

„Wann der Herr euch seine Zeichen gibt durch die Männer, durch welche er die Völker aus der Dienstbarkeit in die Freiheit führt, dann erhebet euch . . .“

Aus der Mappe „Der bayrische Hiasl“, 12 Zeichnungen, 1971

Der Bayrische Hiasl unterweist seine Genossen in den Besonderheiten des bayrischen Klassenkampfs.

Das bayrische Volk erobert im Föhnsturm seinen Landtag zurück.

Das bayrische Volk feiert sein rotes Oktoberfest mit der ihm zustehenden historischen Verspätung.

...... MALEN SIE DENN DA? SOLL WOHL EIN UNTERNEHMER SEIN? ALTE KLASSENKAMPF-PERSPEKTIVE! ZIGARRE, MELONE, FETTLEIBIG,
HA, HA, SCHMEISSEN SIE DAS BILD WEG, JUNGERMANN, DER MODERNE UNTERNEHMER SIEHT GANZ ANDERS AUS!
ICH, ZUM BEISPIEL, BESCHÄFTIGE 600 LEUTE, 700 MILLIONEN MARK UMSATZ, SEHEN SIE MICH AN!
TREIBE NATÜRLICH SPORT; GOLF, REITEN, SEGELN, EUROPA-MEISTER IM BOBFAHREN. MALEN SIE MICH DOCH MAL!
...HAT KEINEN ZWECK, WENN ICH SO DICK AUFTRAGE, DAS BLÄTTERT SPÄTER DOCH AB UND DANN KOMMT DOCH WIEDER DAS ALTE BILD VOM UNTERNEHMER ZUM VORSCHEIN!
KURO

Das Bild vom Unternehmer

Zur Geschichte einer politischen Allegorie

Zwei Bilder spielen in den Auseinandersetzungen um die politische Karikatur eine entscheidende Rolle: Das Bild des Unternehmers und das des Arbeiters. In der Polarität dieser beiden Bilder drückt sich die Darstellung einer Klassensituation aus, die sich in den wesentlichen Grundzügen von der Mitte des 19. Jahrhunderts bis heute fortgesetzt hat. Auf die Bedeutung der Entstehung eines wissenschaftlichen Materialismus im 19. Jahrhundert seit den Anfängen der industriellen Revolution habe ich in den Vorbemerkungen zu diesem Buch hingewiesen.

Wo sich die Geister scheiden!

Die Rezeptionsgeschichte dieser beiden Bilder in der politischen Karikatur hat ein umfangreiches Vokabular hervorgebracht: das „Uralt-Klischee" vom „Arbeiter mit der Ballonmütze", dem „Kapitalisten im Stresemann", was man als „dicken, feisten, Zigarre rauchenden, mit Melone oder Zylinder daherwandelnden fetten Kapitalisten mit Lackschuhen und Brillantnadel" kennt. Das, was als „Hungervisagen", „ausgemergelte Proletarierköpfe", „entsetzte Fratzen irgendwelcher Arbeiterhelden", als der „Riese Proletariat", „die Faust des Arbeiters", die „Macht der unterdrückten Massen", „Bayrischer Hiasl", was als die „Armen" und die „Reichen" und die „Superreichen", als der „Kleine Mann auf der Straße", der „Schwache", der „Unterdrückte" und die „Ausgebeuteten" bezeichnet und gezeichnet worden ist und wird.

Grundnenner und zentrales Thema der parteilichen linken Karikatur sind diese, im 19. Jahrhundert entwickelten gesellschaftstheoretischen Schlüsselbegriffe: Lohnabhängige und Kapital, Herrschende und Unterdrückte Klasse. Diese Schlüsselbegriffe sind geblieben. Was sich notwendigerweise geändert hat, und was sich in ihrer bildlichen Darstellung in der politischen Karikatur teilweise noch ändern muß, sind ihre Formen und Gesichter.

In der neueren Rezeptionsgeschichte der parteilichen Karikatur gibt es kaum eine Stimme, die die Diskussion nicht auf diese Polarität der beiden Bilder konzentriert. Bürgerliche und liberale Kunstgeschichte und Presse sprechen von diesen Bildern mit Vorliebe als Klischees. Stellvertretend für diese Rezeptionsweise sei hier ein Artikel des industriefreundlichen „Düsseldorfer Handelsblatt" in Auszügen zitiert. Er setzt sich mit der von Walter Kurowski illustrierten Juso-Lehrlingsfibel auseinander: „. . . unanständig . . . ist in ihrer Illustration ‚Stürmer Stil'. Die Karikaturen verraten alles über das Weltbild dieser jungen Sozialisten . . . Wer zuläßt, daß die Unternehmer als fette, vor Gier mit der Zunge hechelnde Ungeheuer dargestellt werden, die auf einer Treppe nackter Menschenleiber ihren Profit suchen, der betreibt Hetze . . . Er verrät, daß er diese Ordnung, in der die Unternehmer . . . aber doch immerhin eine wichtige Funktion haben, beseitigen will . . . Nebenstehend einige dieser Illustrationen, die gegen sich selbst sprechen. Außer ihrer Ideologie ist beachtenswert der stilistische Rückfall in die primitivste Art der Karikatur, die des Tiervergleiches: Die Unternehmer sind menschenfressende Krokodile, vor Speck platzende Schweine oder aber Hunde zweifelhafter Mischrassen. Solche Zeichnungen fand man zuletzt auf mittelalterlichen Pamphleten."

„. . . verdammt zäh, die Lehrlinge heute!"

Daß beide Bilder ganz typische Merkmale eines Klischees tragen, soll keineswegs bestritten werden. Im Gegenteil, das, was hier aus Absicht und Gewohnheit als Klischee bezeichnet wird, ist mehr als das und geht in seiner Bedeutung darüber hinaus. Das Bild vom Unternehmer, dessen „wichtige Funktion" in der „Ordnung" der Verfasser ausdrücklich hervorhebt und erkennt, ist eine politische Allegorie, so wie auch das Bild des Arbeiters eine politische Allegorie ist. Das Klischee ist immer Teilmenge der Allegorie und als solche ein wichtiger Bestandteil. Denn ein Klischee zu besitzen und es zu benutzen, bedeutet Macht. Die Art und Weise, in der ein Klischee eingesetzt und genutzt wird, reflektiert immer reale Machtpositionen, vor allem politische.

So hat z. B. die Praxis der Wahlkampfwerbung politischer Parteien sowie aller Formen der Produktwerbung und deren Analyse den Besitz und wirkungsvollen Einsatz von Klischees eindeutig als Machtfaktor definiert.

Durch die Verwendung eines Klischees in der Werbung der Waschmittelindustrie z. B. können sich so die Marktanteile der Konzerne in einer Gewissensfrage für den Konsumenten niederschlagen. Ein Klischee wird stets propagiert, um einen Identifikationsprozeß einzuleiten und schließlich auch durchzusetzen. Die psychologischen Mechanismen und deren wichtige Funktion dabei sind durch die Werbeindustrie hinreichend aufgedeckt worden. Während das Klischee nur ein Versuch der Nachahmung oder Vortäuschung von Realität ist, ist die Allegorie das rational und emotional erfaßbare Bild eines Begriffs. So schlägt sich beispielsweise der Begriff „Macht des Proletariats" im Bild eines Riesen Proletariat nieder. Die Arbeit von Arno Ploog macht diese Analogie von Werbung einerseits und politischer Agitation und Propaganda andererseits deutlich.

Das Bild eines Begriffs: „Pressefreiheit – Rührt nicht dran!", Lithographie von H. Daumier, 1834.

Im März 1974 griff ein Magazin das Bild vom Unternehmer auf. Es veröffentlichte unter dem Titel „DER HÄSSLICHE UNTERNEHMER, stimmt das Klischee vom Buhmann der Nation?" einen fünfteiligen Report. Wenn nicht schon die nebenstehende Titelgrafik und die Formulierung des Themas darauf hinweisen, so ergibt sich nach genauer Analyse des Reports: Das Bild vom Unternehmer läßt sich in seiner Problematik nicht als Klischee fassen. Der Versuch, dieses Bild als Klischee zu entlarven, also den Nachweis zu führen, daß es einen solchen fetten Kapitalisten in Wirklichkeit gar nicht gibt, muß in jedem Fall gelingen. Eine solche Untersuchung geht aber am eigentlichen Problem vorbei. Eine Vorstellung oder ein Bild, das kein Klischee ist, wird man auch niemals als solches identifizieren können. Insofern ist der bürgerlichen Presse und all denen, die sich so intensiv gegen dieses Klischee und eine Identifikation damit wehren, immer ein Erfolg gesichert. Der Beweis wird hier durch die Projektion des Klischees und der damit verbundenen Bedingungen auf eine persönliche Ebene geführt. Die Betrachtungsweise ist losgelöst von sowohl den historischen als auch oft von den politischen Tatsachen. Falsch sind also die Voraussetzungen, unter denen der Beweis angetreten wird. Allein schon eine Zusammenstellung der Bildtitel und Überschriften des genannten Reports belegen dies. So lauten die Titel der einzelnen Unternehmerporträts: „Die Leiden des Rudolf Leiding“ (VW), „Der Patriarch von Leverkusen“ (K. Hansen, Bayer), „Ulrich der Große“ (F. H. Ulrich, Deutsche Bank) und „Die Armen, Armen Oetkers . . .“. Und die Untertitel: „Es begann mit dem Backpulver des Großvaters“, „Die Firma ist aufgegangen wie ein Kuchenteig“, „Bei Hapag-Lloyd war mein Großvater Kapitän – er hat den Seemannstod gefunden“, „Das Bayer-Hochhaus in Leverkusen ist das Herz des Trusts“, „Kein Boß, sondern nur der Sprecher eines Kollegiums“ und „Ein Feuerwehrmann mit Ehrgeiz und allseits gefürchteter Härte“.

Auf die Pressestimmen im Anhang, insbesondere aber auf ein Gespräch mit Heinz Schönfeld, Zeichner eines deutschen Massenblattes, verweise ich hier.

In diesem Comic von Chlodwig Poth spiegelt sich das eingangs Gesagte wider: „Das alte Lied in immer neuer Melodie" hat bereits mit der industriellen Revolution begonnen, dort wurde der Text gedichtet. C. Poth setzt mit seinem Cartoon 1913 ein. Was sich geändert hat, die neue Form der gleichen Klassenauseinandersetzung, macht Poth bis in das kleinste Detail hinein als „Melodie" deutlich.

Foto Nr. 1

dpa Pressefoto von 1953. Dazu kam die folgende dpa Pressemeldung vom 4. 3. 1953 zum Abdruck: **„Direktor F. G. wird 60 Jahre.** Am 9. März 1953 vollendete der Geschäftsführer der XY GmbH, Hanau, Direktor F. G. (unser Bild), sein 60. Lebensjahr. Das von ihm geleitete Werk genießt im In- und Ausland großes Ansehen. Ein besonderes Verdienst hat sich Direktor F. G. durch den von ihm geleiteten Wiederaufbau des 1945 total zerstörten Werkes erworben. Der Betrieb steht heute wieder in vergrößertem Umfang an der alten Stelle und gibt 500 Menschen Arbeit und Brot" (s. Comic von C. Poth)..

Wie ist es nun entstanden, das bekannte Bild vom Unternehmer? Wie hat es sich seit dem 19. Jahrhundert verändert? Wer hat dieses Klischee eigentlich geformt? Sicher nicht nur die Karikaturisten. Sie haben Begriff und Merkmale auf ihren kleinsten gemeinsamen Nenner gebracht, sie haben den Unternehmer typisiert, so daß er immer und eindeutig für die Massen erkennbar wurde. Es ist manchmal verblüffend, welche konkreten Vorbilder die Allegorie vom Kapital, das Bild vom Unternehmer hat. (Vergl. Direktor F. G. / Poth Cartoon.)

Eine wichtige Voraussetzung für die Untersuchung dieser Fragen ist die Beschäftigung mit der Presse- und Porträtfotografie des 19. und 20. Jahrhunderts. Will man eine Phänomenologie dieses Bildes schreiben, dann ist das Foto das wichtigste Dokument, sieht man von der Porträtmalerei des 19. Jahrhunderts einmal ab.

Foto Nr. 2

Salomon Oppenheim, Begründer des Bankhauses Oppenheim in Köln. Ölporträt um 1790.
Foto: Ullstein

Speziell aus der Beschäftigung mit der Porträtfotografie des vorigen Jahrhunderts in Frankreich heraus konnte eine prägnante These formuliert werden. Danach sagt die im Einzelporträt isolierte Person (Studioaufnahme) mehr über ihre Funktion und gesellschaftliche Stellung aus, als wenn sie in ihrem alltäglichen Kontext belassen wird. In anderen Worten: Die gute Porträtfotografie eines Unternehmers vor dem Hintergrund eines schwarzen oder auch dekorierten Studios sagt mehr über die individuellen Eigenschaften der Person als Unternehmer aus als eine Aufnahme desselben Unternehmers vor den rauchenden Schloten oder in den Maschinenhallen seiner Fabrik. Ein solcher Kontext hat viel eher verschleiernde Funktion.

Die hier gezeigten Fotos sprechen für sich selbst. Sie besitzen einen höheren Informationswert als jede verbale Beschreibung und vermitteln Gründe und Entwicklungen des Unternehmerbildes und seines allegorischen Abbildes in der Karikatur. Es geht keineswegs darum, eine physiognomische Identität nachzuweisen.

In diesem Zusammenhang erscheint es mir interessant, woher das ausgewählte Bildmaterial stammt. Der Ullstein-Bilderdienst in West-Berlin hat sein gesamtes Fotomaterial mehr oder weniger thematisch archiviert und ist das älteste und größte Fotoarchiv Europas. Bemerkenswert finde ich vor allem die Kategorien, unter denen sich das Material auffinden ließ: So z. B. „Millionäre, Unternehmer - deutsche, Unternehmer - ausländische, Unternehmerfamilien, Arbeiter - deutsche, Arbeiter - ausländische, Rockefeller, Ford I–III, Onassis, Wohlstand, Mitglieder des Deutschen Bundestages (MdB) 1968–1972" usw. Was sich in den einzelnen Bildsammlungen befindet - das Archiv besteht seit ca. 1890 –, ist eine Geschichte der Konzerne, Kapitalisten und Unternehmerfamilien in den verschiedenen Generationen und Moden seit der Jahrhundertwende und früher, der Tycoone und selfmade Millionäre. Da es sich bei dem Archivmaterial in erster Linie um Pressefotos handelt, kann auch von einer weitgehenden Authentizität gesprochen werden. Die Bilder entsprechen der jeweils zeitgenössischen Rezeption.
Bezeichnend wenige Bilder fanden sich übrigens zum Thema Arbeiter.

Foto Nr. 3

Friedrich von Siemens, 1927. „Die führenden Männer der Weltwirtschaftskonferenz am 4. Mai (1927) in Genf. Der bekannte Großindustrielle Friedrich von Siemens, Mitglied der deutschen Delegation" (Bildunterschrift der Presse 1927).

Foto Nr. 4

Henry Ford

„Der reichste Mann der Welt, 2 Milliarden Dollars Vermögen. Rockefeller, der bisher als der reichste Mann der Erde galt, hat jetzt dem weltbekannten Automobil-Industriellen Henry Ford aus Detroit seinen Platz räumen müssen, der nach der letzten amtlichen Statistik der amerikanischen Steuerverwaltung als der reichste Mann der Vereinigten Staaten und wohl auch der ganzen Welt angesehen werden muß. Die Steuerverwaltung schätzt in dieser Statistik das Vermögen Fords auf 2 Milliarden Dollar. Das Vermögen Rockefellers ist damit mindestens um 50% übertroffen" (Ullstein Pressetext).

Foto Nr. 5

Friedrich Flick, 1930

Von links: Gen. Konsul Dr. Strube (Donatbank), Bankier Jacob Goldschmidt, Dr. Silverberg, Prof. Waldschmidt, stehend (Bildhauer aus Stuttgart, fertigte die Schnitzereien der „Bremen"), Dir. Glässel (Nordd. L.), Gen. Dir. Wriedt, stehend (Hochseefischerei Nordsee), Frau Glässel, Gen. Dir. Flick, Frau Schroeder, Frau Flick, Bankier I. F. Schroeder (Bremen).

Foto Nr. 6

Der neue Unternehmer. Der Prototyp des dynamischen Managers US-amerikanischer Prägung entsteht in den USA bereits in den 50er Jahren. Verzögert durch Nachkriegszeit und Wiederaufbau tritt der neue Prototyp erst in den 60er Jahren in Deutschland auf. Mit Erfolg propagiert wurde er unter amerikanischem Einfluß erst in den 70er Jahren (s. die Bildfolge zum Artikel „Karriere-Erfahrungen deutscher Topmanager", Seite 235).

„Die Ford-Dynastie. *Unter den Porträts seines Großvaters Henry (rechts) und seines frühverstorbenen Vaters Edsel (links) steht Henry Ford II, der heutige Chef der Familie und ihres weltumspannenden Konzerns. Seine Brüder Benson und William stehen ihm als Direktoren zur Seite. Bis zum vergangenen Jahr war Ford eine reine Familien-Aktiengesellschaft, deren gesamte Anteile von den Mitgliedern der Familie gehalten und nicht an der Börse gehandelt wurden. Seither basieren 60% des Kapitals auf Ford-Kleinaktien, die an den Börsen notiert werden. Hunderttausende Amerikaner besitzen heute solche Anteile an den Fordwerken mit vollem Stimmrecht."*
(Bildunterschrift in der Presse von 1956)

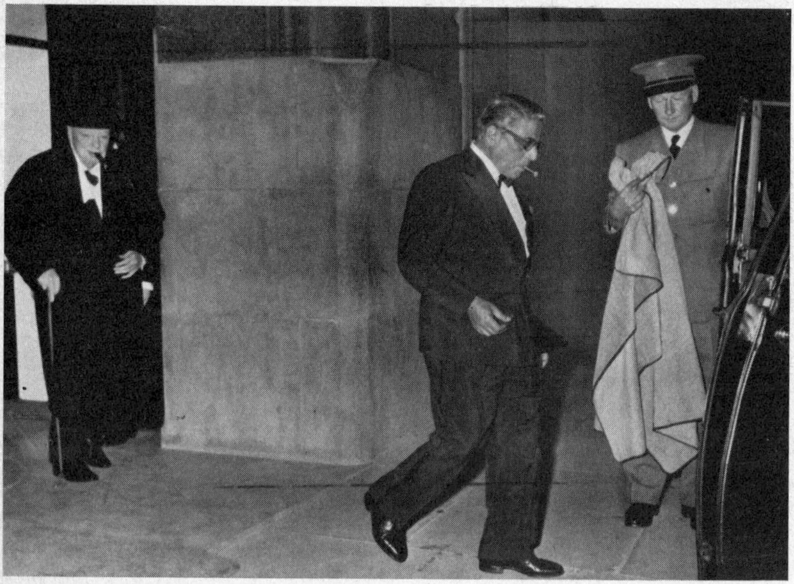

Foto Nr. 7

Der Generationsbruch
Sir Winston Churchill und Aristoteles Onassis verlassen das Savoy Hotel in London, 1960

Foto Nr. 8
Ein Industriellenporträt von 1958.
(Prof. Wurster, Generaldirektor der BASF, Ludwigshafen).

Foto Nr. 9

Öltaycoon der frühen Stunde, **Nubar Gulbenkian,** 1970
Foto: Ullstein – AP

Foto Nr. 10

dpa-Telebild aus Warschau anläßlich der Eröffnung der 34. Posener Messe 1965. „Zur Eröffnung waren der Generalbevollmächtigte der Firma Krupp, **Berthold Beitz** (Mitte) – ein Vergleich mit dem Foto Berthold Beitz in der Bildfolge ‚Karriere-Erfahrungen deutscher Topmanager' ist aufschlußreich – der Generaldirektor des Volkswagenwerkes, **Prof. Heinz Nordhoff** (rechts) und der Inhaber der Grundigwerke, **Max Grundig** (links) erschienen." dpa-Meldung vom 13. Juni 1965.

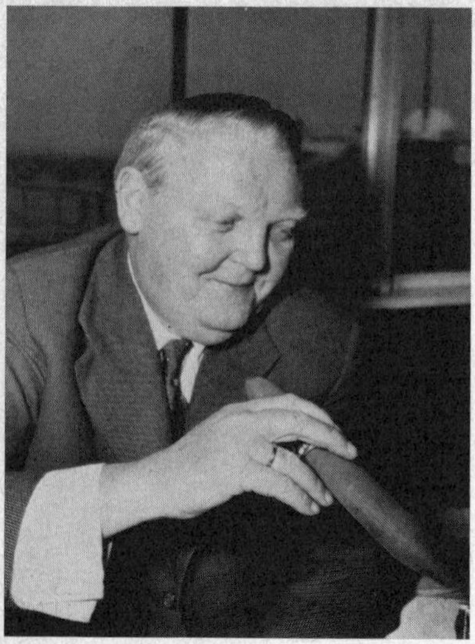

Foto Nr. 11

Das Foto als Karikatur, **Ludwig Erhard** 1954 **„Jetzt raucht's!** Bundeswirtschaftsminister Prof. Erhard flog am 7. November nach Genf, um an der Debatte über die Revision des Allgemeinen Zoll- und Handelsabkommens (GATT) teilzunehmen. Als Verfechter einer weitgehenden Liberalisierung des internationalen Handels- und Zahlungsverkehrs will er seine Pläne ‚mit Dampf' vorwärtstreiben. Die Schweizer Luftfahrtgesellschaft, mit der Prof. Erhard nach Genf flog, bekundete ihre Sympathie für sein Vorhaben und spendete ihm zu diesem Zweck ein Kistchen Riesenzigarren." Eine Meldung des dpa-Feature-Dienst vom 8. 11. 1954.

Foto Nr. 12
Wirtschaftspolitiker **Prof. Erhard** 1968.
Im Hintergrund eine Statistik aus der Wirtschaftswunderzeit 1952–1959.

Foto Nr. 13

Ludwig Erhard bei einer Werksbesichtigung der Firma Krupp 1965

Zwei Unternehmerporträts von 1970

Foto Nr. 14
Dr. H. Schmitt-Vockenhausen, Verleger und MdB (SPD)

Foto Nr. 15
und **Phillip Rosenthal,** Porzellanfabrikant und Mitglied der SPD

Zwei Millionäre, zwei Wirtschaftssysteme

Foto Nr. 16
Der mehrfache Millionär Khotso Sethuntsa. Als Kräuterdoktor hat dieser Bantu ein Vermögen von ca. 38 Millionen DM gemacht, 1970.

Foto Nr. 17
Ein Porträt des Schweizer Milliardärs Bürli. Beide Fotos aus der Archivkategorie „Wohlstand".

An dieser Stelle sei der folgende Artikel aus einer Hamburger Zeitschrift* zitiert, die sich insbesondere dem „Karriereproblem" verpflichtet fühlt:

„So tummeln sich Adlige vor allem im Bankgewerbe, Professoren (davon zwei Drittel Honorarprofessoren) massieren sich in den Top-Etagen der Industrie, und jeder dritte Vorstand ist ein Beamtensohn. Auch Arbeiterkinder haben es zuweilen bis ins oberste Management gebracht: ‚Sie sind allerdings in der Regel erst dann für ihre Vorgesetzten akzeptabel gewesen', kommentiert Professor Brinkmann sarkastisch die Schaustücke betrieblicher Karriere-Toleranz, ‚als niemand mehr gemerkt hat, daß sie als Arbeiterkinder geboren wurden.'

Barrieren für Junge. *Ebenso imagepflegend wie in der Aufbau-Epoche emporgekommene Arbeitersöhne scheinen für viele Unternehmen noch immer junge Vorstandsmitglieder zu sein: Sie könnten in der Öffentlichkeit auftreten als augenfälliges Zeugnis für die besonderen Karrierechancen und beruflichen Möglichkeiten im Unternehmen.*
Daß Topmanager unter 40 Jahren Seltenheitswert besitzen, zeigt Dr. Max Kruk, Firmenexperte bei der ‚Frankfurter Allgemeinen', in seiner statistischen Sammlung ‚Die oberen 30 000 – Industrielle, Bankiers, Adlige'. Kruk fand unter 3400 Vorständen nur 30, die unter 36 Jahre alt waren: Die meisten Vorstandsmitglieder zählten um die 62. Ein weiteres Ergebnis von Kruk: Es gibt ebenso viele Vorstände, die älter sind als 58, wie es Vorstände gibt, die jünger als 58 sind – ein Zeichen dafür, daß junge Vorstände weithin Ausnahmen sind.
Ausnahmen werden sie auch bleiben. Dr. Wolfgang Rippe vom Kölner Karriere-Trio folgert aus seinen wissenschaftlichen Untersuchungen sogar: ‚In Zukunft wird das Durchschnittsalter der Topmanager wieder höher. Wer jetzt jung ist, wird länger warten müssen als die jungen Bosse von heute. Diese konnten noch in die Lücken der kriegsgeschädigte Jahrgänge springen.'"

Foto Nr. 18

* zitiert aus: „Capital" 1/74, Hamburg 1974

Karriere-Erfahrungen deutscher Topmanager

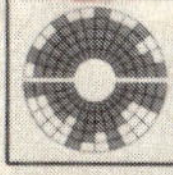

Berthold Beitz
Aufsichtsratsvorsitzender des Essener Krupp-Konzerns: **Risiko, Streß, falsche Freunde ...**

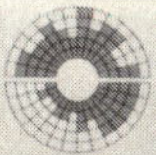

Rudolf v. Bennigsen-Foerder
Chef der Düsseldorfer Veba AG: **... drückende Verantwortung ...**

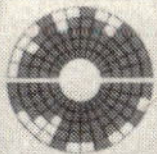

Willy Ochel
Ex-Generaldirektor der Dortmunder Hoesch AG: **... und Widerwärtigkeiten.**

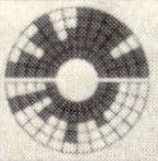

Karl Winnacker
Aufsichtsratsvorsitzender der Farbwerke Hoechst AG in Frankfurt: **Viele Freiheiten ...**

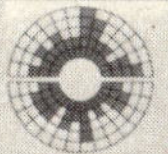

Kurt Hansen
Generaldirektor der Bayer AG in Leverkusen: **... Befriedigung bei der Arbeit ...**

Walther A. Bösenberg
Vorsitzender der Geschäftsführung der IBM Deutschland in Stuttgart: **... und Macht.**

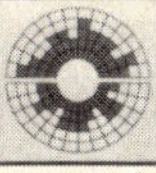

Günter Nawrath
Vorstandsvorsitzender beim Otto Versand in Hamburg: **Viel Geld, viel Streß ...**

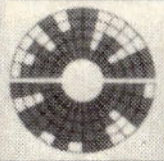

Friedrich Thomée
Finanzchef beim Wolfsburger Volkswagenwerk: **... hohes Ansehen und doch Kritik ...**

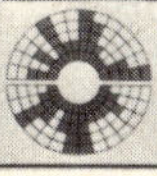

Rudolf Leiding
Vorstandsvorsitzender beim Volkswagenwerk in Wolfsburg: **... und Freiheit ohne Freizeit.**

Foto Nr. 19
Das Bild vom Unternehmer heute: Der Topmanager US-amerikanischen Prototyps (Bildfolge aus „Capital", Hamburg 1974). Zum Artikel: „Karriere-Erfahrungen deutscher Topmanager"

Foto Nr. 20

Ein Bauarbeiter am Konferenztisch, 1973
(Nach dem Konkurs eines Berliner Betonwerkes werden den Bauarbeitern die Lohnzahlungen verweigert. Das Foto zeigt einen Sprecher der Bauarbeiter.)

Foto Nr. 21, **Bauarbeiter,** 1969

Foto Nr. 22

Stahlarbeiter im Ruhrgebiet, 1972

Mit dem „Wirtschaftswunder" wird allmählich auch ein neues Bild vom Arbeiter und Lohnabhängigen propagiert. So z. B. in einer Werbekampagne für das Baugewerbe: „Seid schlau, lernt beim Bau". Trotz des „gepflegten Aussehens" und höheren Lebensstandards bleibt es nach wie vor schwer, die Unterschiede zu verwischen oder scheinbar aufzulösen. Unterschiede in der Physiognomie von Arbeiter und Unternehmer erklären sich materialistisch von den verschiedenen Arbeitsbedingungen her. Büroarbeit prägt mit Sicherheit ganz anders als z. B. die Arbeit unter starkem Witterungseinfluß oder großen Temperaturschwankungen am Hochofen.

Foto Nr. 23, **Gastarbeiter im Rheinland,** 1974

Betrachtet man nun die Arbeit von Walter Kurowski, Arno Ploog oder Chlodwig Poth, so wird deutlich, daß Veränderungen vom Bild des Unternehmers auch in der Karikatur reflektiert worden sind. Bezeichnend wenige Bilder fanden sich übrigens zum Thema Arbeiter.

Der Tatsache, daß der Lohnabhängige es nicht direkt mit dem Manager, dem Boß oder dem Kapitalisten in der täglichen Praxis zu tun hat, sondern mit Refamann, dem Personalchef, der Verwaltung, dem Vermieter usw., hat die parteiliche Karikatur schon seit längerem durch das Zeichnen eines „Mittelbaus" Rechnung getragen. Hier drei Beispiele von Ploog, Volland und Zingerl.

Volland

Zingert

„Irgendwo jemand, der noch nicht von mir profitiert?!"

Ploog

Bemerkenswert ist auch die Verwendung der Unternehmerallegorie in den editorial cartoons und der bürgerlichen Pressekarikatur. An einem Beispiel aus jüngster Zeit, der sogenannten Ölkrise, läßt sich die sonst eher sparsame Verwendung dieser Allegorie in seiner klassischen Form (Zigarre, Weste und Stresemann, feist und fett) besonders gut verfolgen. Verschafft man sich einen Überblick der bürgerlichen Pressekarikatur zum Thema Ölkrise im Winter '73 und Frühjahr '74, so fällt der ungewöhnlich häufige Einsatz der klassischen Unternehmerallegorie – oft in der Verkleidung eines arabischen Ölpotentaten – auf. Offensichtlich erscheint der klassische Unternehmertypus immer dann, wenn es dem Kapital „dreckig geht", es „auf dem trokkenen sitzt", „leidet" und am „Hungertuche nagt". Urplötzlich scheint das ‚Klischee', die Allegorie wieder treffend zu sein.

Daily Mail, London

„Erinnert Ihr Euch noch daran, wie die unsere Bettler photographierten?"

Neue Hannoversche Presse

Zum gleichen Thema Siegert:

Es läßt sich die These formulieren: Die Herrschenden bedienen sich der Allegorie nur dann, wenn sie ihnen nützt, in welcher Form auch immer. Das ist sicher keine Überraschung, aber es sollte hier eindeutig festgestellt werden.

Anschließend diese beiden ganzseitigen Anzeigen eines Mietservice für Wäsche und Berufskleidung. Die „Mitarbeiter" in der Mietservice-Anzeige rechts assoziieren das Bild nackter Sklaven, bezeichnenderweise sind es hier ausschließlich Frauen. Anzeigen veranschaulichen in erschreckender Form Einfallsreichtum und Zynismus auf diesem Gebiet sowie die Bedeutung, die äußerer Erscheinung, Kleidung und Gesicht in diesem Zusammenhang zukommen.

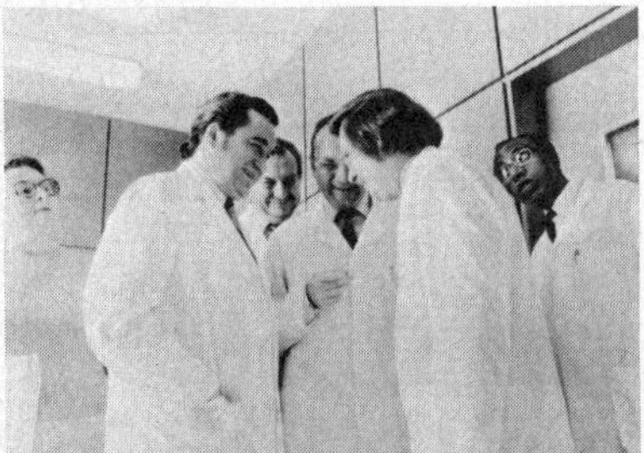

Versuch einer negativen Abgrenzung

Ein Interview mit Heinz Schönfeld, Juni 1974

FECHT: Herr Schönfeld, Sie sind seit 1961 in der Hamburger Redaktion der BILD-Zeitung als festangestellter Zeichner des Axel-Springer-Verlages tätig. Die Auflage der BILD-Zeitung beträgt durchschnittlich 5 Mio. Exemplare pro Tag. Sie zeichnen damit für das auflagenstärkste Massenblatt Europas. Wie viele Zeichnungen veröffentlichen Sie in der Woche?

SCHÖNFELD: In der Woche 2 bis 3 Zeichnungen. Bei einer statistisch ermittelten Zahl von 2,4 Lesern je Exemplar erreiche ich also mit meinen Zeichnungen 24 Mio. Leser in der Woche. Das sind im Monat bis zu 96 Mio.

F: Können Sie bitte den redaktionellen Vorgang in seinen einzelnen Stationen und damit Ihre Arbeitsbedingungen skizzieren? Sie kommen in die Redaktion, was finden Sie vor?

S: Ich komme etwa 1 Stunde vor der Konferenz in die Redaktion, lese möglichst die aktuellen Blätter, und höre dazu ständig die Nachrichtensendungen. Ich gehe also mit meinen eigenen Vorstellungen in die Konferenz.

Zwischen dem Stoffangebot aller Ressortleiter habe ich die freie Wahl auszusuchen, was ich für wichtig halte oder nicht. Es kommt natürlich auch sehr oft vor, daß der Chefredakteur sagt: „... willst du nicht lieber dieses oder jenes Thema versuchen." Ich versuche es dann, und wenn es sich so machen läßt, wie ich es mir vorstelle, dann mache ich es. Und wenn es nicht so gelungen ist, wie sich der Chefredakteur das Thema vorstellt, dann ist es eben nicht im Blatt. Der Karikaturist sollte genauso schnell sein wie der Nachrichtenredakteur und nicht drei Tage hinter dem Ereignis hinterherhinken, wenn sich die breite Masse dann bereits schon ein Urteil gebildet hat.

F: Wann entstehen die ersten Entwürfe zu Ihren Zeichnungen? Wie ist der weitere Weg?

S: In der Konferenz mache ich bereits erste Skizzen. Ich fertige etwa 5 bis 6 Stück an – wohlgemerkt zu einem Thema – habe ich aber mehrere Themen, was durchaus nicht selten der Fall ist, so mache ich 10 bis 15 Skizzen in einer Konferenz von etwa einer ¾ Stunde. Diese wandern dann über den Ressortleiter „Politik" zum Chefredakteur nach vorn, und wie das meistens bei den Chefredakteuren ist: keiner wagt, als erster zu lachen. Bevor nicht irgendeiner wenigstens mal gelacht hat, das tut dann der große Chef, lacht ja keiner. Das ist z. B. für mich ein sehr entscheidender Punkt, ein Problem, das wohl alle deutschen Karikaturisten haben. Die deutsche Karikatur kann immer nur so gut sein wie seine Redakteure, die darüber zu befinden haben.

Wenn die über keinen Humor und über keine Vorbildung auf diesem Gebiet – sowohl künstlerischer als auch menschlicher Probleme – verfügen, dann wird der Humor immer ein verkrampfter sein. Um 13 Uhr ist die Konferenz beendet, gegen 16 Uhr bringe ich die Karikatur nach oben (gemeint ist der jeweilige Chefredakteur). Dort wird meistens noch an der Unterschrift herumgemeckert, weil angeblich der Karikaturist ja nie in der Lage ist, auch nur eine halbwegs brauchbare Karikaturenunterschrift zu machen. Nur durch viel Glück gelingt es einem manchmal, dabei auch eine eigene Unterschrift durchzusetzen. Sie wissen ja, wieviel man mit einer Unterschrift verändern kann.

F: Wie sieht nun der Weg von der fertigen Vorlage in der Redaktion bis zu dem Moment aus, wo der Käufer am nächsten Morgen für 30 Pf. darüber lacht?

S: Zunächst wird von der Karikatur ein Fotostat gemacht, und zwar in einem Format, das auf eine Funkwalze paßt. Dann wird die Karikatur in alle 8 oder 9 Außenredaktionen gefunkt. Und jetzt kann es durchaus vorkommen, und das ist z. B. schon ein Kriterium gerade bei der BILD-Zeitung, daß ein Großteil der sehr feinen Linien wegfällt, so daß man sich bei dieser Zeitung nur so retten kann, indem man einen etwas holzschnittartigen Charakter in der Zeichnung anwendet. Die eine oder andere verstärkte Strichführung ist also nicht etwa mangelndes Können, sondern einfach ein Kompromiß an die Technik. Das ist eines der großen technischen Handicaps eines Karikaturisten der BILD-Zeitung.

Nun geht die Karikatur in den verschiedenen Außenredaktionen bzw. hier im Hamburger Haus direkt an den Layouter. Der spiegelt dann die Zeichnung in die Seite ein.

F: Herr Schönfeld, schildern Sie bitte kurz, welche fachlich-technische Ausbildung Sie als Zeichner gehabt haben.

S: Ich bin zunächst vom Vaterhaus vorbelastet. Mein Vater ist Orlik-Schüler gewesen und Trickfilmhase der Ufa. 1945 bis 47 studierte ich in Berlin an der HFBK bei den Professoren Hofer, Pechstein und Böhland. Nebenbei Abendkurse, anschließend 3 Jahre Studium am Privatinstitut für Pressezeichnen in Berlin. Ich bin einer der Zeichner, und das ist sicherlich für Sie auch ganz interessant, der bei der „Jungen Welt" (FDJ) angefangen hat. Ich habe nur 2 Karikaturen leider Gottes im „Eulenspiegel" gehabt. Ich war Mitarbeiter des „Nachtexpress" und der „Berliner Zeitung" in Ost-Berlin.

F: Wann hat sich Ihr Strich und Stil im wesentlichen entwickelt?

S: Der hat sich in den 50er Jahren bei der „Neuen Zeitung" (Organ der US-Alliierten), eben aus dem Einfluß der Angelsachsen und der Amerikaner heraus entwickelt.

F: Arbeiten Sie in Ihren Zeichnungen auf eine eindeutige Identifizierbarkeit der dargestellten Personen hin? D. h., daß der Politiker aussieht, wie er eben aussieht und wie er einprägsam ist. Welche Gründe können Sie dazu anführen?

S: Ja, absolut. Einer der Gründe ist, daß ich immer vom Leser ausgehe. Bei einer Karikatur, die vom Leser nicht sofort verstanden wird, ist auch der Gag sofort verpufft. Der Gag muß schlagend ankommen. Das geht nur dann, wenn der dargestellte Politiker bereits so lächerlich gemacht worden ist, daß auch der primitivste Leser ihn erkennen kann und sich sofort angesprochen fühlt.

DN
DEUTSCHE
NACHRICHTEN

NACH DER BESETZUNG DER TSCHECHOSLOWAKEI durch Truppen der Sowjets und ihrer Satelliten glaubte die Redaktion der „Bild"-Zeitung mit der Veröffentlichung dieser Karikatur offenbar, damit ihren Lesern einen ganz besonderen „Witz" zu bieten. Sie dürfte jedoch mit dieser Geschmack- und Instinktlosigkeit bei vielen Lesern ein großes Ärgernis erregt haben, denn diese sehen in der Verbindung Hitler–Ulbricht–Ritterkreuz mit Recht eine mehr als üble Verhöhnung der höchsten deutschen Auszeichnungen für Mut und Einsatzbereitschaft und damit eine Diffamierung der deutschen Soldaten, deren Tapferkeit selbst vom (ehrlichen) Feinde uneingeschränkt anerkannt wurde. Steckt hinter dieser Verhöhnung gar eine zielbewußte Absicht?

F: In welchem Umfang setzen Sie politische oder ideologische Symbolik ein?

S: Äußerst selten. Nur dann, wenn es sich nicht vermeiden läßt. Nur wenn es ideal hineinpaßt. So habe ich z. B. für eine österreichische Zeitung eine Zeichnung mit Hammer und Sichel gemacht. Damals hatte die sowjetische Regierung Waffenlieferungen nach Syrien und dem Irak dementiert. Sie hat jedoch zugegeben, daß sie Einzelteile liefern würde. Da habe ich dann einen Güterwagen voller Hämmer und den nächsten Güterwagen voller Sicheln gezeichnet. Darunter stand – das sagte also ein Russe – „. . . und zusammengesetzt werden sie dann bei euch“. In einem solchen Falle halte ich ein derartiges Symbol für anwendbar.

„Die Antwort auf eure Frage: Wenn die Welt so aussieht, dürft ihr alle auswandern“

BILD-Kommentar

Gesunde werden in Nervenheilanstalten geschickt, andere ins Zwangsarbeitslager. Die entspannungsfreudige Sowjetunion braucht den Terror. Warum machen sich die Regime in Moskau und Ost-Berlin das Leben nicht leichter? Warum folgen sie nicht einfach dem Vorschlag des Physikers Sacharow, jede Beschränkung für die Auswanderung aufzuheben. Breschnew und Honecker könnten auf diese Weise eine ganze Menge Geld sparen, das sie für ihre Geheimdienste ausgeben: Sie würden schnell wissen, wie die Menschen in ihrem Land wirklich denken. Und ein Beitrag zur Entspannung wär's außerdem.

F: Kann man verallgemeinernd feststellen, daß Sie ideologische Symbolik nur dann einsetzen, wenn sie eindeutig erkennbar ist? Setzen Sie Tiersymbole, wie sie schon von Zeichnern im 19. Jh. benutzt wurden, ein, z. B. den russischen Bären, den englischen Löwen oder die Marianne Frankreichs?

S: Ich kann Ihnen das ganz genau sagen. Ich habe den russischen Bären in den letzten Jahren nur 1- bis 2mal eingesetzt. Und zwar nur deswegen weil der Berliner Bär das Symbol für Berlin ist. Ich habe da zwischen beiden Bären einen Vergleich angestellt.

F: Sie haben für die breite Leserschicht der BILD-Zeitung einen Durchschnittstyp entwickelt, den man als Symbiose von Arbeiter, Angestellten und Beamten klassifizieren könnte. Wann ist er entwickelt worden und wie wird er eingesetzt?

S: Er ist eigentlich unbewußt entstanden. Ein Karikaturist sollte, oder zumindest tue ich das, davon ausgehen, daß er auf der Seite der Schwachen ist oder sein sollte. Ich muß also, will ich eine Symbolik, eine Figur dafür finden, diese Figur auch s c h w a c h zeichnen. Entweder wird er klein gezeichnet, oder er wird in einer hilflosen oder auch sehr erstaunten Pose gezeigt.

„Sparen habe ich gesagt, sparen!"

F: Würden Sie Ihre Zeichnungen als parteilich bezeichnen?

S: Ja, ich bin meine eigene Partei. Ich bin eine Ein-Mann-Partei, wenn Sie so wollen. Ich greife genauso gut die CDU / CSU wie die SPD oder FDP an. Wird nach meiner Meinung dort Unrecht getan, dann greife ich das auf. Ich kann natürlich nicht verbürgen, daß eine solche Zeichnung dann auch erscheint, aber ich bemühe mich darum.

F: Sehen Sie also politische Situationen immer aus der Perspektive der Schwächeren, aus der individuellen Sicht im Sinne Ihrer Ein-Mann-Partei oder synchronisieren Sie beides?

S: Sehen Sie, diese Zeichnung zur ÖTV, wobei man sagen muß, daß die Gewerkschaften ja nicht mehr so eine schwache Position in der BRD haben; aber wenn sie jetzt ihrer eigenen Regierung in den Rücken fällt und ich für diese Regierung bin, ja, dann muß ich den Gewerkschaften eins vor den Bug schießen, wenn sie das nicht einsieht. Dann muß ich also auch mal auf der Seite der Stärkeren sein.

„Nun müssen aber ein paar absteigen!"

F: Übertragen wir die Frage auf ein spezielles Thema, das Verhältnis BRD–DDR. Hier werden die Probleme und Widersprüche bei Ihnen in erster Linie auf einer, sagen wir persönlichen Ebene reflektiert und gezeichnet.

S: Ich bemühe mich, die ideologischen Auseinandersetzungen zwischen der BRD und der DDR in eine menschliche Darstellung umzubetten.

„Was sollen wir tun, Genosse Stoph? Er will auch nach Kassel!"

F: Kann man das für alle politischen Sachverhalte dahingehend verallgemeinern, daß Sie eine Projektion in menschliche Verhaltensweisen und stark individuelle Reaktionen einzelner vornehmen?

S: Ja, absolut.

F: Ist in dieser Projektion oder, wie Sie es nennen, Umbettung auf eine menschliche und persönliche Ebene der Grund zu sehen, daß auch mitunter kritische Karikaturen zum Abdruck kommen; kritisch in dem Sinne, daß sie nicht der Verlagspolitik des Hauses Springer entsprechen? Sie zeichnen seit nunmehr 13 Jahren für die BILD-Zeitung. Ist einer der Gründe dafür, daß Sie in Ihren Zeichnungen keine explizite Parteilichkeit im Sinne einer bestimmten Ideologie vertreten?

S: Ich würde dazu sagen: Ich bin bei einer Zeitung der Arbeitnehmer. Die BILD-Zeitung ist eine Arbeitnehmerzeitung, es ist eine Zeitung der großen, breiten arbeitenden Schicht. Ich kann mich nicht einfach mit irgendeinem Arbeitgeberverband identifizieren, sondern nur mit den Arbeitnehmern, denn das sind meine Leser. Und wenn die eine oder andere Karikatur, nehmen wir mal an, im Widerspruch zum Verleger stehen sollte, dann glaube ich einfach, daß sie deswegen abgedruckt ist, weil sie, ja weil wir eine Zeitung für die arbeitenden Schichten sind. Und daß man einfach da auch Rücksicht nimmt auf die arbeitende Bevölkerung. Denn die arbeitende Bevölkerung muß diese Zeitung kaufen.

F: Halten Sie bewußt ideologisches Vokabular, wie z. B. den Begriff von Klasse, Unterdrückten oder Proletariat und ähnliche Begriffe, aus den Texten und inhaltlich aus der Karikatur heraus?

S: Nein, das tue ich nicht, aber ich weigere mich einfach, Unterdrückte oder Proletariat zu behandeln. Wir haben heute in Deutschland eigentlich kein Proletariat mehr, das im klassischen Sinne von Marx noch als solches zu gelten hat. Selbst unsere Arbeiter, von denen ich 'ne ganze Menge kenne, ob sie im Ruhrgebiet zu Hause sind oder bei den Werften Hamburgs arbeiten. Die würde ich heute zum Mittelstand zählen, denn ihre ganze Denkungsart ist überhaupt nicht mehr die eines Proletariats.

F: Wie stellen Sie dann Ihren Arbeiter dar? Welche Möglichkeiten hat er, wie sieht er aus und was ist seine Sicht der gesellschaftlichen Wirklichkeit?

S: Da sind wir wieder bei dem Thema, das wir vorhin schon angesprochen haben. Das Symbol oder die Figur, die im Laufe der Zeit entstanden ist, die den Arbeitnehmer, also den Schwachen oder den Unterdrückten darstellt. Derjenige also, der mit der Regierung oder mit dem Vermieter, das kann auch der Konzern oder die Polizei sein, in welcher Form auch immer, in Konflikt kommt. Der Kleine, der Arme, der der Meinung ist, er hätte keine Rechte oder er würde unterdrückt werden. Daß ich den dann in irgendeiner Form so darstelle, daß er eigentlich nur Sympathie ernten kann und ernten sollte.

F: Sie machen also immer den Benachteiligten im umfassendsten Sinne für den Rezipienten der Zeichnung sympathisch. Stellen Sie auch gelegentlich Idealfälle dar? D. h., wie korrigieren und damit codieren Sie die Realität aufgrund persönlicher Vorstellungen von, sagen wir, idealen Arbeitsbedingungen? Kann also gelegentlich auch eine Sozialutopie Element Ihrer Karikatur sein?

S: Ich hatte Ihnen ja vorhin diese Karikatur in zwei Bildern gezeigt. Die Abschaffung des alten, seit Jahrzehnten umstrittenen Mietgesetzes. Da sieht man im ersten Bild eine Familie im Bett liegen, die Angst davor hat, daß das Damoklesschwert der Kündigung - es hängt an einem dünnen Faden überm Bett - auf sie niederkommt. Im Grunde ist es ja nicht die Familie, sondern jede Familie in Deutschland gewesen. Und das nächste Bild zeigt, daß durch dieses neue Gesetz auch dieses Damoklesschwert verschwunden ist. Daß in Zukunft nicht mehr die Mieter der Willkür der Vermieter unterliegen.

F: Welche Reaktionen bekommen Sie auf Ihre veröffentlichten Zeichnungen hin in Form von Leserbriefen oder Kommentaren?

S: Wenn ich überhaupt negative Leserpost bekomme, dann immer dann, wenn ich mich in kirchliche Belange der Konfessionen hineinbegebe. Und die BILD-Zeitung wird vom äußersten Norden bis in den tiefsten, finstersten Süden Bayerns gelesen, bis nach Passau und Regensburg. Von dieser Ecke bekomme ich sehr viel negative Post und aus den protestantischen Gegenden von Württemberg-Baden. Dort scheinen mir noch die engstirnigsten Protestanten zu sitzen.

F: Ist verallgemeinernd festzustellen, daß negative Kritik in erster Linie dann kommt, wenn moralische Kategorien angesprochen werden?

S: Ja, das kann man sicher sagen.

F: Nach welchen Kriterien wird Ihnen positive Kritik zuteil?

S: Erstes Kriterium ist der zeichnerische Gag, die zeichnerische Übersetzung einer Situation. Es ist die getroffene Darstellung eines Politikers oder die gelungene Lächerlichmachung einer Partei oder eines Politikers. Da bekomme ich die meisten positiven Reaktionen.

F: Was halten Sie von einem Zeichner wie Chlodwig Poth und seinen Möglichkeiten, in vergleichbaren Zeitungen der BILD-Couleur zu veröffentlichen?

S: Jetzt mal ganz abgesehen von seiner Technik. Bei Poth würde das allein schon daran scheitern, daß er einen Strich hat, der eine Arbeit bei der BILD-Zeitung z. B. ausschließen würde. Durch die Funk-Übertragung würden ja 80% seiner Zeichnungen verlorengehen. Die vielen feinen Schraffierungen und damit auch der Reiz seiner Zeichnungen wären schon weg. Aber abgesehen davon, angenommen, man wäre technisch dazu in der Lage, eine Funkübertragung zu bewerkstelligen. Ich wäre sowieso der Meinung, aber das ist natürlich das Hirngespinst eines Karikaturisten, daß wir überhaupt alle Zeitungen in Deutschland jedem guten Zeichner jeder Richtung, jeder Couleur öffnen sollten. Denn ich finde, das Ideal eines Karikaturisten ist, daß er im Gegensatz zur Meinung der Chefredaktion eine Karikatur veröffentlichen kann. Das halte ich für ein Ideal, das ist bis jetzt nur in England möglich. Würden wir endlich mal englische Zustände in Deutschland bekommen, so würde ich mich darüber freuen. Ich glaube, damit ist Ihre Frage beantwortet.

F: Wie zeichnen Sie einen Unternehmer, Industriellen oder Vertreter westdeutscher Konzerne und der Multis, sollte sich der Fall ergeben?

S: Ich würde ihn z. B. nicht so darstellen, das wäre 100%ig sicher, wie sich Max und Moritz oder der Leser der zwanziger und dreißiger Jahre den Kapitalisten schlechthin vorstellen. Der Kapitalist ist heute oder, sagen wir, der Arbeitgeber, der Direktor Agnelli vom Fiat-Konzern oder wer immer. Ob es Herr Mommsen ist – es sind sehr elegante, smarte – oder Herr Beitz – ganz schlanke, durchtrainierte Figuren. Die sehen also eher aus wie ein altgewordener Grand-Prix-Fahrer oder wie ein dufte aussehender, aber altgewordener Playboy. Die haben überhaupt nichts mehr von dem, was man als dicken, feisten, zigarrerauchenden, mit Melone oder Zylinder daherwandelnden dikken Kapitalisten mit Lackschuhen kennt. So sehen heute eher die Gewerkschaftler aus. Denn ich war mal auf einer Konferenz von Gewerkschaftsfunktionären in Düsseldorf, und da kamen also, ich wußte gar nicht wie die Gedankenverbindung kam, keiner in einem Mercedes, der ein 180er war. Das waren alles 250er, 260er oder 280er Mercedes, alles dunkel, schwarz. Kaum hielten sie, kam sofort der Chauffeur angerast, öffnete die Tür und heraus stiegen, sicherlich nicht nur dicke, aber zumindest Typen, die genau so einen Kapitalisten hätten abgeben können. Genauso wie es umgekehrt auch smart und gutaussehende Wirtschaftsfunktionäre und Manager gibt. Aber da gibt es genauso den Chef der IG Metall, Herrn Loderer, das ist für mich ein sehr sympathischer und überzeugender Gewerkschaftler und nicht Herr Klunker. Herr Klunker sollte eine Abmagerungskur machen. Ich finde, das ist er seinem Image schuldig.

F: Wie würden Sie die Figur von Ludwig Erhard in diesem Zusammenhang sehen, der ja in den Nachkriegsjahren ein ganz bestimmtes Image gepflegt hat? Im Zusammenhang mit Aufbaugeneration, Wirtschaftswunder und Wohlstand. Er ist ja z. B. stets mit schwerer Zigarre aufgetreten. Wie würden Sie seine charakteristischen Merkmale umschreiben? Was hat er für den Mann auf der Straße symbolisiert?

S: Er war das Symbol der freien Marktwirtschaft. Die freie Marktwirtschaft ist ja nicht auf seinem Mist gewachsen, sondern sie stammt von Herrn Müller-Armack, seinem ehemaligen Staatssekretär. Aber Erhard war im

Grunde eigentlich eher als Herr Müller-Armack das Symbol. Wäre Herr Müller-Armack das Symbol gewesen, hätte jeder gesagt, ‚der sieht ja eigentlich gar nicht so aus'. Erhard war also genau die Personifizierung dessen, was man sich unter Reichtum, Konsum, wirtschaftlicher Freiheit und ähnlichem praktisch vorgestellt hat. Persönlich kann ich Ihnen folgendes sagen: Ich war in der Zeit, als Ludwig Erhard Kanzler war, im Kanzler-Bungalow zu Kaffee und Kuchen eingeladen. Und als ich ihm gegenübersaß und ihn gezeichnet hatte, war es für mich eigentlich die größte Enttäuschung, die ich in meinem Leben von einem Politker gehabt habe. Er entsprach in keiner Weise meiner Vorstellung ‚so müßte ein deutscher Bundeskanzler aussehen'. Er war von alledem genau das Gegenteil. Sowohl in der Diskussion als auch im Auftreten, in all seinen Bemerkungen und seiner Humorlosigkeit. Er hat mich zum Schluß nachher rausgeschmissen, obwohl sein damaliger Staatssekretär bemerkt hatte: „Herr Bundeskanzler, das sind die besten Karikaturen, die jemals über Sie gemacht worden sind." Und trotzdem hat er mich einen Pinscher genannt!

F: Wie sah damals Ihr Bild vom Bundeskanzler Deutschlands aus?

S: Ich würde mal so sagen: die Mischung eines Theodor Heuss mit einem Schuß Professor Carlo Schmids, mit einem Schuß Vitalität und kämpferischer Leidenschaft eines Kurt Schumacher. Ja also ein Ebenbild war da, aber die geistigen Anlagen und Fähigkeiten haben ihm gefehlt. So, wie er einfach aufgetreten ist, wie er diskutiert hat; er war ja auch gar nicht in der Lage, richtig zu essen. Wissen Sie, ein Stück Kuchen sprang von seinem Teller auf meine Zeichnung. Die Zeichnung konnte ich gleich wegschmeißen, denn sie war total mit Buttercreme beschmiert. Sein Staatssekretär hat mit seinem Taschentuch noch die Buttercreme von der Zeichnung gewischt. Das sind so Kleinigkeiten, ich meine, sicherlich, das kann jedem Menschen passieren, passiert mir auch mal. Nur, ich erwarte einfach, wenn sich der Bundeskanzler mit uns unterhält – wir waren ja nicht allein dort, sondern eine Runde von 10 Personen –, dann esse ich eben nicht, tut mir leid. Dann unterhalte ich mich, ja. Oder wenn ich den Mund voll habe, das habe ich als Kind gelernt, dann schlucke ich erst und dann unterhalte ich mich.

F: Sie zeichnen gelegentlich Karikaturen, in denen die Ballonmütze auftaucht, wenn es um die SPD geht. Nun stammt diese ja auch schon aus den Anfängen des 19. Jahrhunderts.

S: Ich benutze dieses Symbol eigentlich nur dann, wenn ich zeigen will, daß die SPD – die ja meine ganze Sympathie hat – wieder zurückfällt auf Gedanken und Vorstellungen, die sie eigentlich schon längst überwunden hat. Wenn ich die Ballonmütze darstelle, dann symbolisiert es nicht Fortschritt, sondern einen Rückschritt. Nur dann benutze ich sie.

F: Zur Person des deutschen Michel. Sie haben ihn auf eine ganz bestimmte Weise in Aussehen und Kleidung fixiert. Wann und wie setzen Sie den deutschen Michel ein?

S: Wenn ich zu einem deutschen Problem Stellung beziehen will, z. B. das schon angesprochene Verhältnis BRD-DDR, wo ich ja auch den Ost-Michel auftreten lasse, es sind ja beide Zwillingsbrüder. Sie haben das gleiche Aussehen, nur den westdeutschen Michel stelle ich manchmal etwas dicker und größer dar, eher gemütlich-saturiert, wobei ich den DDR-Michel immer noch etwas schlanker, sportlicher, trainierter und gegenwartsbewußter zeichne.

F: In welchem Umfang und Zusammenhang setzen Sie Folklore oder Lokalkolorit ein?

S: Ich zeichne zwar oft speziell zu Situationen in Hamburg, aber solche Figuren wie den Hamburger Buttje, den Hafenarbeiter oder das Symbol des Wasserträgers habe ich in den 13 Jahren, die ich hier bin, noch nicht einmal verwendet. Das halte ich einfach für zu blöd.

Der Vatikan sprach sich für die Ostverträge aus . . .

Aber in Bayern! Ich arbeite im Spätsommer meist für ¼ Jahr in der bayerischen Ausgabe, und da tritt natürlich die ganze Skala des bayerischen Bayerns, vom hinterwäldlerischsten bis zum kulturbewußten Münchner, der, auch ohne in Loden verpackt zu sein, kluge Dinge sagt, bis zum Sennenhirt aus dem Allgäu.

F: Ich bedanke mich für das Gespräch.

Weitere Beispiele

Ein Zeichner wie Heinz Schönfeld ist kein Einzelfall. Man sollte sich nochmals vergegenwärtigen, daß dieser Karikaturist seit 13 Jahren Zeichner des auflagenstärksten Massenblattes Europas ist. An seinem Beispiel werden entscheidende Kriterien der bürgerlichen Karikatur deutlich. So ist das Gespräch für eine negative Abgrenzung gegenüber der Karikatur und Parteilichkeit eines Rainer Hachfeld, Chlodwig Poth usw. - aber auch anderer Karikaturisten wie z. B. E. Heinke (DVZ) oder Markus (Stern) - besonders aufschlußreich, betrachtet man es unter dem Begriff der Parteilichkeit. Heinz Schönfeld stellt für sich selbst fest: „Ich bin bei einer Zeitung der Arbeitnehmer. Die BILD-Zeitung ist eine Zeitung der großen, breiten, arbeitenden Schicht."

Gerade bei dem Versuch einer negativen Abgrenzung erscheint mir jede Polemik verfehlt. So könnte man beispielsweise die Karikaturen des Pseudonyms „Hick", und dem was sich an Üblem dahinter verbirgt, zu einer Abgrenzung heranziehen. Solche Zeichnungen sind jedoch Extreme, ihre Massenwirksamkeit ist begrenzter, als man annimmt. Denn „auch im Hause Springer genießt ‚Hicks' keineswegs uneingeschränkte Sympathie". Seine Zielgruppe ist recht speziell, dessen unbeschadet bleiben Hicks-Zeichnungen ein Politikum. Die Karikatur bürgerlicher Massenblätter ist in diesem Zusammenhang wichtiger. Das Interview mit H. Schönfeld fand ich in seinen wesentlichen Aussagen durch mehrere Gespräche mit Redakteuren und Zeichnern und in den Archiven anderer deutscher Boulevardblätter bestätigt.

So ist der von H. Schönfeld als „schwach", „klein" und „hilflos" gezeichnete Durchschnittstyp - als Symbiose von Arbeiter, Beamten und Angestellten für die breite Leserschicht entwickelt - zentrale Figur in den Karikaturen von Arne Leihberg, Zeichner eines West-Berliner Boulevardblattes. Arne Leihberg nennt als wesentliche Eigenschaft seiner Figur „ein immer und ewig unzufriedenes Gesicht . . . Meine Figur ärgert sich über das Banale und die alltäglichen Dinge des Lebens". Er sieht sich selbst als Zeichner eines „unpolitischen Schmunzelwitzes". Deutlich findet man in seinen Zeichnungen die Projektion eigentlich politischer Sachverhalte auf eine individuelle Ebene. Sein Thema ist die Welt und die Probleme des kleinen Mannes, von dem alle Politik ‚ferngehalten' wird.

Nun setzte deine janze Hoffnung uffn' Weihnachtsmann, wa?
Aus „BZ", 1972

Aus „BZ", 1974

Verkehrte Welt – Aus „BZ“, 1973

Aus „BZ“, 1974

Diese Karikatur zeigt eines der wenigen Themen, die von Redakteur und Zeichner der West-Berliner „BZ“ als politisch eingestuft werden. Dazu bemerkte der Chefredakteur: „Diese Zeichnung wurde am Umwelttag veröffentlicht. Auf der Tür steht ‚Senator für Umwelt‘ (eigentlich: Senator für Umweltschutz). Das ist in West-Berlin Herr Petzold. Eine Ähnlichkeit mit Herrn Petzold werden Sie nicht feststellen. Das ist in diesem Falle auch gar nicht wichtig, es geht also einfach darum, festzustellen: ‚Tag der Umwelt‘ und wenn er die Tür aufmacht, dann kommt der Dreck rein.“

Der Zeichner Paul Labowski war von 1961 bis Febr. 1974 neben Arne Leihberg der zweite „politische Zeichner" der West-Berliner Zeitung „BZ". Er veröffentlichte unter dem Pseudonym „Kay". In den Jahren 1968–69 geriet er in Studentenkreisen West-Berlins in den Ruf eines Demagogen und ewig kalten Kriegers. Von den beiden Zeichnern Leihberg und Schönfeld unterscheidet er sich insbesondere durch den häufigen Einsatz einer Allegorie. Dazu befragt, äußerte Paul Labowski: „Allegorien, das sind Sachen, die man im Kasten hat, die man immer wieder benutzt, auch wenn sie nicht mehr ganz stimmen sollten."

„Wehe, wenn ich ihn laufen lasse!" –
Aus „BZ", 1972

„ . . . und anhänglich ist der!" –
Aus „BZ", 1972

„links – links – links . . ." –
Aus „BZ", 1969

Der Mantel der Nächstenliebe –
Aus „BZ", 1972

runtergekommen – Aus „BZ", 1973

„Wie hab' ich mich verändert!" –
Aus „BZ", 1963

„Was Recht ist, bestimme ich" –
Aus „BZ", 1962

Aus „BZ", 1968

Aus „BZ", 1971

Linke deutsche Karikatur

Differenzierung überzeugt mehr als Getrommel

Die satirische Zeitschrift „Pardon", zweifellos kompetent für linke Karikaturen, hatte Einwände gegen diese Ausstellung, denn: „allzu stereotypes Getrommel lähmt leicht die Wahrnehmungsnerven."

Der Einwand besteht zu Recht. Arbeiten von sieben Karikaturisten, die ihre engagierte Tätigkeit — grob gesprochen — links von der SPD ausüben (bisweilen auch links in der SPD) hat Thomas Fecht in seiner „Elefanten Press Galerie" zu einem Überblick zusammengestellt. Zwar besitzt die „Politische Karikatur in der BRD und West-Berlin" eine erheblich breitere Skala, aber an Sachverstand mangelt es auch dem Elefanten-Fecht gewiß nicht; für die linke Skala-Seite dürfte der Überblick repräsentativ geraten sein. Der Erfolg ist dann auch groß, sowohl der besuchsmäßige, als auch das von außerhalb gezeigte Interesse: bis zum November wird die Schau in dieser Gestalt und mit diesem vorzüglich gestalteten Katalog noch in Hamburg, Oldenburg, Oberhausen und Frankfurt am Main zu sehen sein.

So richtig wirken wird sie wahrscheinlich nur auf die ohnedies Überzeugten. Je mehr die Gebrauchskünstler ins strikt kommunistische Lager tendieren, desto weniger Mühe geben sie sich, merkwürdigerweise, mit Zeichnung, Sprache und Plausibilität. Was Rainer Hachfeld, Stefan Siegert und Guido Zingerl an Plakaten und Karikaturen in bewußt grobem Strich und meist noch gröberer Sprache abziehen, das erinnert immer wieder verzweifelt an jenen Mann, der nachts im dunklen Wald singt, bewußt forsch, weil selbst nicht ganz sicher. Da wird, hoffentlich nicht in Unkenntnis der Gewohnheiten und des Lebensstils der Arbeiter, vornehmlich in Fäkaliensprache geredet und gezeichnet, der politische Gegner unflätig diffamiert, was alles eher abschrekkende als überzeugende Wirkung haben kann. Allein bei Walter Kurowski zeigen sich Spuren von Talent und Humor, sowie von Ideen, die nicht Stereotype und bereits seit den zwanziger Jahren abgewetzt sind. Die SPD erinnert ihn, zum Beispiel, an van Gogh — immer ist es das linke Ohr, das man sich abschneidet, eine Vorstandssitzung besteht aus dem gegenseitigen Vernageln der Köpfe mit Brettern.

Gewiß, auch das bleibt allzu undifferenziert und endet im Politporno, aber gemildert wird es durch den unvermuteten Einfluß eines Zeichners, der — neben Steinberg — die internationale Karikatur am weitesten vorangetrieben hat. Wir sprechen von Jules Feiffer, dem man in Amerika nicht zu Unrecht das unübersetzbare Prädikat „sophisticated" gegeben hat. Feiffer ist der Erfinder des Wort-Strips, der aus vielen Worten und wenigen, aber exakt gesetzten Strichen, Strichmännlein zumeist, besteht. Besonders Ernst Volland beherrscht diese Methode aus dem ff: die Karikatur als Mini-Drama mit fortlaufender Handlung.

Ihr wahrer Meister freilich heißt Chlodwig Poth. „Zwischen dem ewig gleichen Feindbild vom Totenschädel-Militär und feisten Unternehmer mit Zigarre" wirke er, befand „Pardon", „wie ein Champignon unter Fliegenpilzen." Poth dürfte ohnehin der linke Karikaturist sein, der am meisten differenziert und der — trotzdem oder eben deshalb — am populärsten geworden ist. Aus seiner monatlichen „Pardon"-Spalte „Mein progressiver Alltag" sieht man einige Beispiele im Original, überlegen entworfen und sicher hingekritzelt; er ist, nebenbei auch, ein ganz vorzüglicher Zeichner, besser noch als Arno Ploog, der sichtbar von ihm, keinem schlechten Vorbild, gelernt hat, und den man, vom Graphischen her, an die zweite Stelle rücken müßte, würde es sich hier um einen Wettbewerb handeln.

Die Quintessenz liegt auf der Hand. Gute Karikaturisten können soziale und politische Probleme einsichtiger machen als die meisten Leitartikler, denen sie allerdings auch etwas voraushaben: sie können und müssen alles vereinfachen. Aber sie begeben sich im gleichen Augenblick ihres Vorsprungs, indem sie statt der Vereinfachung die Vergröberung wählen. Warum weit über fünfzig Prozent der hier ausgestellten Karikaturisten das freiwillig tun, steht in den Sternen. Weil sie kein Zeichentalent oder weil sie keinen Humor haben? Dann fehlen ihnen die wichtigsten Voraussetzungen für ihren Beruf.

Karikaturisten wie Poth — an diesem Datum, dem 1. Mai, sei es klar ausgesprochen — tun mehr für eine soziale und politische Emanzipation als alle Agitatoren und Demagogen, weil sie zum Denken anregen, statt sich als Denk-Ersatz aufzuspielen, weil sie Wahrnehmungsnerven öffnen und man sich, wenn zu heftig getrommelt wird, in verständlicher Reflexbewegung, doch nur die Ohren zuhält.

H.O.

(Elefanten Press Galerie, Dresdner Straße 10, bis 18. Mai; Dienstag bis Sonnabend 16—20 Uhr).

„Der Tagesspiegel", 1974

pardon-Notizen

Zwischentöne. Was politische Karikatur im Höchstfall sein kann, darüber sind sich die Meister des schnellen Griffels einig, die bis zum 30. April in der Berliner Elefantenpresse, im Mai in Hamburg („Asinus“), später in Oldenburg, Oberhausen, Frankfurt und Göt-

Ausgestellter Poth-Cartoon: ein Wohnviertel wird gefressen.

tingen ausstellen: ein Denkanstoß, ein erster Schritt zur Agitation. Kämpfen müßt ihr dann schon selber. Unter dem bewußt kargen Oberbegriff „Politische Karikatur in der BRD und Westberlin“ (gemeint ist natürlich die linke), stellen Zeichner wie Rainer Hachfeld, Stefan Siegert, Guido Zingerl, PARDON-Mitarbeiter der frühen Stunde Arno Ploog, die ebenfalls in PARDON vertretenen Walter Kurowski und Ernst Volland und PARDON Alt-Star Chlodwig Poth aus. Die Darstellung ist meist nur Mittel zum Zweck, flüchtig, ruppig, Hauptsache die message kommt rüber: gegen die „Großkopfeten“, Richter, Polizisten, Unternehmer. Solche Denkanstöße erfolgen mit dem Vorschlaghammer. Ein Zeichner wie Poth, der erläutert und differenziert, wirkt zwischen dem ewig gleichen Feindbild vom Totenschädel-Militär und feisten Unternehmer mit Zigarre wie ein Champignon unter Fliegenpilzen.

Zwischentöne seien nur Krampf im Klassenkampf? Dafür oft einsichtiger und genießbarer. Allzu stereotypes Getrommel lähmt nämlich leicht die Wahrnehmungsnerven.

„pardon“. 1974

Absender
Bundesverfassungsschutz
e.V.
Hauptstadt der DDR

Haus ~~des Staatssicherheits-~~
Postleitzahl dienstes (HD SS D)

Sind alle Kommunisten wie Du
Antisemiten ? Löwenthal ist Jude
In der kommunistischen
DVZ heißt es: West-Berlin

POSTKARTE
An den

DKP-Genossen und Schrott-
händler ~~Ernst~~ Volland

1000 B e r l i n 3 3

Postleitzahl
Deidesheimer Str. 29
Tel. auch

Moskau-Genosse E r n e s t o,

Eure Elefanten-Ausstellung gesehen.
Prima geraten. Bloß ziemlich jwd.
Aber Du bist doch der Beste!

Die "Deutsche Volks-Zeitung"(14.3.),
kaum noch T a r n b l a t t der DKP,
sondern offen moskau-kommunistisch,
brachte,gottseidank(bist Du auch katholisch?), Deinen Telecartoon (so englisch oder amerikanisch?) Löwenthal auf Seite 12.

Wie erfrischend abstoßend! Bloß gut,
daß Du nicht viel kannst und deswegen
auch nicht gefährlich wirst.

Bist wohl bemüht, von R.Hachfeld
vieles zu übernehmen, wa ? Der kann
aber auch etwas mehr als Du!

Schade, daß Dich die DDR so entbehren muß. Oder gibt's dort auch Leute,
die mehr auf dem Kasten haben als
DU ?

Bist ein kleiner Fisch, solltest
L e e r a n d und nicht Volland
heißen !

An Ernst Volland adressierte Drohpostkarte vom 19. 3. 1974 anläßlich der Ausstellung „Politische Karikatur in der BRD und West-Berlin“ in der Elefanten Press® Galerie. In den gleichen Zeitraum fällt auch eine Aktion einer zerstörungswütigen Rechtsgruppierung in den Redaktionsräumen des Berliner Extra-Dienstes. Diese Drohung ist kein Einzelfall.

POLIT-CARTOONS BEI ELEFANTEN PRESS

In der Elefanten Press Galerie (1–36, Dresdener Straße 10) hängen derzeit Karikaturen von sieben linken Zeichnern: Rainer Hachfeld, Walter Kurowski, Arno Ploog, Chlodwig Poth, Stefan Siegert, Ernst Volland und Guido Zingerl. Jeder hat seine eigene Handschrift, aber alle hängen sie die Feder nicht in den Wind und die Tusche vertuscht nicht, sondern deckt auf, was an Schweinereien in der Geldgesellschaft dieser Welt passiert. Rainer Hachfeld, der ED-Hauskarikaturist, zeichnet auf die Nachrichten und Kommentare im EXTRA-Dienst ‚drauf', macht weniger ‚editorial cartoons', wie er sagt, sondern „politische Vignetten". Textbezogen, optisches Stimulans, aber mit „Eigenleben". Chlodwig Poth, bei „Pardon" in Brot, hat sich auf den „progressiven Alltag" der Studiker und sonstigen akademischen Kleinbürger zwischen Schein und Sein spezialisiert. Walter Kurowski zeichnete u.a. für SDAJ, DKP und Chilekomitee, hat angefangen beim JUSO-Info; ein sehr schönes Blatt: Die M-i-t-b-e-s-t-i-m-m-u-n-g-s-Schreibmaschine, bei der auf die Tasten Nagelspitzen montiert sind. Arno Ploog „arbeitet nur an Sachen, die mich selbst interessieren", seine Zeichnungen entstehen „unabhängig von irgendwelchen redaktionellen Wünschen". Stefan Siegert war beim eingegangenen „Konkret", unlängst zeichnete er für „Mors Mors", die Zeitung der DKP-Wählerinitiative Hamburg. Ernst Volland steuert Medien-Kritik bei: Löwenthal als gepanzerter Lautsprecher, ein Bürger, der sein TV-Gerät ins Klo übergibt. Last not least Guido Zingerl: Bayer, Kommunist, Zeichner, Maler.

Die Arbeiten sind Dienstag bis Sonnabend, täglich von 16-20 Uhr zu besichtigen, bis etwa Mitte, Ende April. Dann geht die Ausstellung nach Hamburg, Oldenburg und Göttingen. Der sauber aufgezogene Katalog, weit über hundert Zeichnungen enthaltend (schwarz-weiß) kostet fünf Mark plus 1 Mark Porto (bei der Elefanten Press Galerie zu beziehen). Empfehlenswert.

„berliner EXTRA dienst", 1974

Böser Humor

Politische Karikaturen in Westberlin

Am Fluß, der vor der Firma Saubermann AG dahinzieht, steht ein kleiner Junge und pinkelt ins Wasser. Kommt der Direktor angerannt, ballt die Fäuste und schimpft ihn aus, dieweil er die Fluten verunreinigt. Zu gleicher Zeit aber speit die Fabrik Unmengen von Abwässern aus, ohne daß jemand dagegen einschritte ... In dieser Weise zieht der Karikaturist Stefan Siegert gegen die vielbeschriene, doch kaum wirksam verhinderte Umweltverschmutzung zu Felde. Diese und andere Karikaturen sind derzeit in der Elefanten Press Galerie in Berlin-Kreuzberg zu besichtigen.

Es handelt sich um sogenannte „harte" politische Karikaturen, die mitnichten nur erheitern wollen, sondern zur Parteinahme auffordern. Siegert zum Beispiel, der bis 1973 für „Konkret" gearbeitet hat, zeichnet auch für, wie es im Katalog heißt, „Basisorgane der DKP" und für linke Gewerkschafts-, Universitäts- und Wohngebietszeitungen. Eine böshumorige Porträtfolge fiel ihm zu einem Song der „Floh-de-Cologne"-Truppe ein, der gegenwärtig das bekannteste politische Spottlied ist: „Die Milch wird sauer, das Bier wird schal — im Fernsehen spricht der Löwenthal."

„Wir sind alle ‚Mitarbeiter'", spricht der Boß, während er auf den Schultern „seiner" Angestellten und Arbeiter hockt. In dieser Weise macht Guido Zingerl aus München, der seinen Künstlernamen nach einem berüchtigten Tiroler Massenmörder wählte, das Gerede von der Sozialpartnerschaft madig. Von dem in Berlin lebenden Rainer Hachfeld, von Franz Josef Strauß auf 40 000 Mark verklagt, sind politische Vignetten zu sehen, die er zweimal wöchentlich für den „Extra-Dienst" zeichnet. Hachfeld ist der wohl meistgedruckte deutsche Karikaturist in Lateinamerika.

Wie er, so verstehen sich auch Walter Kurowski, Arno Ploog, Chlodwig Poth und Ernst Volland als parteiliche Künstler und politische Praktiker. Die Ausstellung geht nach Hamburg, Oldenburg und Göttingen weiter.

JÜRGEN BECKELMANN

„Nürnberger Nachrichten", 1974

Aus Hamburger Galerien

Von der Elephantenpress Galerie, Berlin, übernahm der Verein Asinus die Ausstellung „Politische Karikatur in der BRD". Der allgemein gehaltene Titel verbirgt, daß nur links orientierte Zeichner daran beteiligt sind. Ihre Themenwahl beschränkt sich auf Angriffe gegen Kirche, Militär, CDU-Politiker und die USA. Die damit verbundene Eintönigkeit wirkt leicht ermüdend. Der überraschende Witz fehlt; aufgetischt werden sattsam bekannte Denkklischees. (Bornstraße 3, bis 30. Juni)

„Hamburger Abendblatt", 1974

DIE WELT Nr. 125 - Freitag, 31. Mai 1974

Auf dem politischen Parkett

Kunstverein Asinus zeigt Karikatur in der BRD

Eine repräsentative Auswahl gegenwärtiger politischer Karikatur in der Bundesrepublik zeigt der Kunstverein Asinus mit einer Ausstellung (bis 30. Juni), die von der Berliner Elefanten Press Galerie zusammengestellt wurde und nach Hamburg noch in mehreren deutschen Städten zu sehen sein wird.

Repräsentativ ist diese Ausstellung nicht nur in bezug auf die Auswahl der Karikaturisten und ihre jeweilige Einschätzung der politischen Realitäten, sondern auch in den verschiedenen Auslegungen der Möglichkeiten, welche die politische Karikatur heute kennzeichnen. Geht man davon aus, daß ein Grundzug der Karikatur im bewußt vorgenommenen Verzeichnen, Betonen, Weglassen oder Übertreiben von Details oder Momenten des angesprochenen Objekts besteht, so bietet sich darüber hinaus dem Karikaturisten ein breites Spektrum verschiedenster Darstellungsarten. So kann die Karikatur sowohl eine bildliche Variente des Humors als auch eine Aussageform der Satire oder sogar klar parteinehmende Kampfansage sein.

Auf den ersten Blick scheinen die verschiedenen Beiträge der Ausstellungsteilnehmer eindeutig der Satire und der parteilichen Kampfansage zuzuordnen zu sein. Vor allem die Arbeiten Rainer Hachfelds, Walter Kurowskis, Stefan Siegerts und Guido Zingerls stellen sich durch eindeutige Für- und Gegenpolitik stellenweise in einen Grenzbereich zwischen Karikatur und politischer Agitation. Unterstützt wird diese Grenzlage, die von manchen wegen ihrer „Humorlosigkeit" als nicht mehr zum Bereich der Karikatur gehörig gezählt wird, durch eine großteils auf äußerste Einfachheit reduzierte Sprache. Und wirklich findet hier der Betrachter häufig nur recht vordergründige Definitionen für in der Realität vielschichtige Probleme. Arno Ploog, Chlodwig Poth und Ernst Volland gehen dagegen ähnliche Sachverhalte in inhaltlicher Struktur und Gestaltung komplizierter, aber nicht weniger bissig an.

So findet sich in der Ausstellung vom Kapitalisten-„Ungeheuer", das kleine Lehrlinge frißt, bis zum emanzipierten Ehemann in Chlodwig Poths „Pardon"-Comics „Mein progressiver Alltag" politische Stellungnahme jeder Couleur. Und auch die Spitze gegen sich selbst, Kennzeichen vieler guter Karikaturen, fehlt nicht: Ernst Volland zeichnet in der Geschichte zweier „linker Typen", die sich beim Bier gegenseitig mit „Anarchist", „Sozialfaschist" und zuletzt mit „Kleinbürger" betiteln, daneben sitzend ebendiesen, der mit sorgenvoller Miene seine Gehaltsabrechnung mit den fälligen Ausgaben vergleicht.

MARIE LUISE SCHUMACHER

„Die Welt", 1974

Aus „Kunst + Unterricht", Heft 26, 1974

Hachfeld, Kurowski, Ploog, Poth, Siegert, Volland und Zingerl, einige von ihnen auch grafische Mitarbeiter an der Anti-Strauß-Mappe vor zwei Jahren, machen vorwiegend Zielgruppen-Cartoons. Sie arbeiten besonders für Gewerkschaftszeitungen, Lehrlingspublikationen und DKP-Publikationen, in diesem Heft gibt es also keine pluralistische Bestandsaufnahme à la «Der Deutsche in der Karikatur» sondern handfest-konkrete Kommentierung bundesrepublikanischer Augenblickszustände aus einer einzigen Perspektive heraus. Militär, Besitzverhältnisse, Mietsverhältnisse, Gastarbeiterprobleme, Mißstände der Lehrlingsausbildung, politische Intrigen und Buhmänner des zweiten Fernsehprogramms sind die Hauptanlässe, die Feder in die Tuschflasche zu tauchen. Die Abbildungen sind verkleinerte Wiedergaben von Arbeiten einer Wanderausstellung, die in norddeutschen Städten zu sehen ist.

In zumeist plakativ-signethafter Schwarz-weiß-Vereinfachung erfährt der Beschauer zumeist, daß der Kapitalist reich und der Lehrling unterdrückt, daß FJS ein Miesling und Nixon ein Gangster ist. Mal mit dem Faustkeil, mal mit dem Hammer wird das aufs Papier geklopft. Gewisse Tautologien bleiben dabei nicht aus.

Ironie ist mehr im Hintergrund zu finden, durch Comic-Mittel gefiltert, werden die Schlagwörter nur begrenzt origineller.

Schraubenschlüssel zur differenzierteren Analyse finden wir in dem Katalog selten angewandt, es ist kennzeichnend, daß man sich die Definition der Karikatur, abgedruckt auf der letzten Seite, aus einem im Dietz Verlag (Berlin Ost, 1970) erschienenen kulturpolitischen Wörterbuch holte, einem Verlagsort immerhin, in dem der Klassiker der grafischen Satire, John Heartfield, jahrzehntelang gegen den plattesten Formalismus-Verdacht zu kämpfen hatte. Geeignet ist die Publikation sicher für Unterrichts-Projekte, die Karikatur zum Gegenstand haben und kann dort klären helfen, wie durch Vereinfachung Problemstellungen grafisch relativ unbekümmert ins Bild, bzw. Poster gesetzt werden können. Zur Artikulation von Schüler- und Schulfragen beispielsweise. Als Parallel-Material empfiehlt sich eventuell die Wahlkampfdokumentation von Klaus Staeck «Plakate abreißen verboten». (Rowohlt)

Peter Winter

Aus „tendenzen", Nr. 96, 1974 — **Karikatur**

Ein Elefant im Politladen

Eine Karikaturenausstellung, die durch viele Städte gehen wird

von Hannes Schwenger

Wo die politische Karikatur links steht, hat die Rechte nichts zu lachen. Das ist inzwischen schon eine gerichtsnotorische Tatsache, seit Franz Josef Strauß den „Berliner Extradienst" und seinen Karikaturisten Rainer Hachfeld durch alle Instanzen verklagen ließ. Noch Konrad Adenauer konnte es sich leisten, Sammelbände mit Adenauer-Karikaturen („Konrad sprach die Frau Mama") als Zeichen seines rheinischen Humors zu verschenken. Daß Franz Josef Strauß sich das nicht mehr leisten kann, liegt nicht an seiner Humorlosigkeit – der Mann lacht gern und nicht selten. Es liegt am veränderten Standort der politischen Karikatur hierzulande.

Anlaß zu dieser Feststellung gibt die jüngste Ausstellung der Berliner Galerie Elefanten Press, in der Galerist Tom Fecht sein Konzept politischer Ausstellungen mit einer Karikaturenschau fortsetzt. Sie wird – siehe

Chronik – durch mehrere westdeutsche Städte wandern. Tom Fecht hat seine Galerie 1972 eröffnet, wie er sagt, „um eine Alternative zu den über sechzig Galerien in Westberlin aufzubauen. Angesetzt habe ich bei der Realismus-Diskussion, die damals in Gang kam. Ich habe mich jedoch auf ein spezielles Teilgebiet dieser Diskussion beschränkt, nämlich den massenwirksamen Einsatz bildnerischer Mittel, und habe eine Ausstellungsserie von drei Einzelausstellungen konzipiert, die speziell jeweils Methode und Parteilichkeit der Produzenten verdeutlichen sollten. Zunächst habe ich Klaus Staeck gezeigt, dessen Plakate durch den Bundestagswahlkampf 1972 bekannt geworden sind. Nach dieser bundespolitischen Ebene sollte als Kontrast die lokale Ebene gezeigt werden, z. B. bildnerische Arbeit auf Betriebsebene. Da habe ich als Beispiel die Gruppe ‚Plakate' aus Stuttgart, eine Betriebsgruppe bei Daimler-Benz, vorgestellt."

Diesmal geht es ihm um künstlerisch-politische Arbeit auf der Ebene der Massenmedien. Unter dem Titel „Politische Karikatur in der BRD und Westberlin" versammelt er wie selbstverständlich ausschließlich Karikaturisten der politischen Linken: Rainer Hachfeld, Walter Kurowski, Arno Ploog, Chlodwig Poth, Stefan Siegert, Ernst Volland, Guido Zingerl. Es ist ein roter Elefant, den Fechts Elefanten Press durch das bundesdeutsche Porzellan trampeln läßt; Rainer Hachfeld hat ihn eigens für diese Ausstellung gezeichnet. Nach zwei Jahrzehnten, in denen die politische Karikatur bestenfalls Illustration zum linksliberalen Leitartikel und schlimmstenfalls käufliche antikommunistische Propaganda à la „Tarantel" war, bekennen sich politische Karikaturisten wieder zur „Parteilichkeit der Karikatur" – so schreibt es nicht nur der Einführungstext des Berliner Katalogs, so bekennen sich auch die Zeichner selbst, die mit eigenen Stellungnahmen zu Wort kommen.

Diese Karikaturen sind denn auch nicht auf dem Boden der „überparteilichen" Generalanzeiger-Presse entstanden, die die Mehrzahl der westdeutschen Pressezeichner beschäftigt. Ihre Organe sind vielmehr Gewerkschaftszeitungen und -zeitschriften, SPD- und DKP-Presse, konkret, pardon, spontan, der Berliner Extradienst; natürlich auch „tendenzen", deren Redaktion Guido Zingerl sogar angehört. Und vor allem Betriebszeitungen, Flugblätter, Posters – „meine Zeichnungen wären wirkungslos ohne Betriebszeitungen, Broschüren und Flugblätter, die sich ihrer bedienen", sagt Stefan Siegert. Und um Wirkung, politische Wirkung, geht es ihnen allen: „Karikatur ist nicht lach pour lach", meint Rainer Hachfeld mit treffendem Witz.

Die politische Biographie dieser Zeichner beginnt fast immer mit Ostermarsch und Studentenbewegung. Erfahrungen in der Arbeitswelt oder im bürgerlichen Manipulationsbetrieb kommen hinzu: Rainer Hachfeld zum Beispiel war Werbezeichner – „eine böse, aber sehr lehrreiche Zeit" –, Chlodwig Poth Grafiker in einer Agentur, später Redakteur einer Werkszeitschrift. Walter Kurowski berichtet über seinen Berufsweg lakonisch: „Da ich in ‚Kunst' eine Eins hatte, lag ein Beruf, in dem man zeichnen muß, nahe. Also Grafiker. Der Onkel kennt ‚Grafikermeister'. Nur: Der Grafikermeister war Graveur. Und so lernte ich die bundesdeutsche Berufsausbildung kennen. Vom Klo, das ich putzen, von den Hühnern und Kaninchen, die ich schlachten, bis zum Bier, das ich holen mußte, Fegen, Radfahren, Einkaufen, Ofenstochern, Dachdecken, Gartenarbeit; schlechterdings alles, was dazugehört. Mit sechzehn Jahren wurde das Lehrverhältnis gelöst." Was Wunder, daß Kurowskis Leib- und Magenthema die Lehrlingsausbildung ist.

Wie ihm geht es allen der sieben Karikaturisten: Ihre Themen sind die der politischen Bewegung, der sie sich verbunden fühlen: Kampf gegen Ausbeutung, Meinungsmanipulation, CDU und NPD, gegen Faschismus und Imperialismus in aller Welt. Zu sehen also gibt es Abs und Löwenthal und immer wieder Strauß; Kiesinger und Franco, Nixon und Pinochet. Obwohl Chile manchen von ihnen vor ein Berufsproblem gestellt hat: Was soll ein Karikaturist zeichnen, wenn ihm das Lachen vergeht? Gerade das Lachen, das der politische Zeichner vermitteln will, ist ein befreiendes Lachen, ein Lachen, das die Schwächen des Gegners sichtbar macht, das den scheinbar Übermächtigen der Lächerlichkeit preisgibt. Bei der Ausstellungseröffnung in Berlin wurde lange und lebhaft darüber diskutiert; der Schock Chile sitzt tief, uns allen.

Politische Karikatur heißt für diese Zeichner natürlich mehr und anderes als Politiker zu zeichnen. Gleichrangig sind die Hauptpersonen ihrer Zeichnungen, Comics und Plakate, Figuren der Arbeitswelt: Lehrlinge und Arbeiter, Meister und Chefs. Letztere noch allzuoft mit Bauch und Zigarre, Kapitalisten grundsätzlich mit Stresemann und Melone – als trüge der Juniorchef keine modischen Jeans, als rauchte der Chefingenieur nicht Gauloises, als hätten wir's nicht mit Arndt Krupp und Berthold Beitz, sondern noch mit Alfred Krupp von Bohlen und Halbach zu schaffen. Auch der Ausbeuter im Kittel des Refa-Mannes, mit der Hornbrille des Betriebspsychologen und dem Betriebsverfassungsgesetz unterm Arm kommt statt des biederen Meisters und Vorarbeiters noch viel zu selten ins Bild.

Entsprechend ergeht es den positiven Gestalten: Allzuoft erscheinen sie in Latzhose und Arbeitshelm, auch wenn sie – der Lehrlingsbewegung zuliebe – gelegentlich lange Haare tragen wie auf Arno Ploogs bekanntestem Plakat „Du gehörst dir – nicht den Bossen". Stefan Siegert macht sich zu Recht über einen studentischen Genossen lustig, der mit einer überdimensionalen Faust aus Pappmache für irgendeine KSGL/AO/PD demonstriert: Aber auch seine Arbeiter zeigen dem befrackten Kapitalisten die schwielige Arbeiterfaust. Ausnahmen machen immerhin Chlodwig Poth und Walter Kurowski, die auch den kleinen Angestellten und Beamten mit Brille, Schlips und verdrücktem Sakko ins Bild bringen. Wie die Arbeiterbewegung selbst Probleme mit einer Strategie für das „Stehkragenproletariat" der Angestellten und Beamten und für die „neue Arbeiterklasse" der technischen Intelligenz hat, scheint es auch ihren Karikaturisten so zu ergehen. Oder steckt nur in manchem von ihnen noch ein Rest Arbeiterromantik aus der Studentenbewegung?

Dennoch bleibt es ein Hauptverdienst dieser Karikaturen, daß in ihnen Politik nicht – wie in der bürgerlichen Presse – als das Geschäft markanter Politikerköpfe (ach wie schön war doch Adenauers Indianergesicht zu zeichnen!) erscheint, sondern daß auch das Objekt solcher Politik leidend und handelnd ins Bild kommt – und zwar nicht als anonymer Bundesbürger, als Herr Michel mit Zipfelmütze, sondern mit dem Gesicht seiner Klasse, als mögliches Subjekt einer Politik, die den Herrn Michel von seiner Zipfelschlafmütze befreien könnte. Von da aus gesehen hat sogar die Idealisierung des Industriearbeiters in Overall und Arbeitshelm ihre Berechtigung: Zeichner wie Zingerl, Ploog und Hachfeld haben ihn erst einmal wieder darstellungsfähig gemacht. Als sie begannen, Arbeiter zu zeichnen, war es in der Bundesrepublik noch üblich, das Verschwinden der Klassenunterschiede zu behaupten – nach dem goldenen Wort des früheren FDP-Geschäftsführers Deneke: „Die Arbeiterklasse gibt es heute nicht mehr; an ihre Stelle ist ein differenzierter Stufenbau von Arbeitnehmern verschiedener Wohlhabenheitsstufen getreten."

Diese Zeichner – und einige andere – haben den Arbeiter wieder in die politische Karikatur eingeführt. Erst durch diese Leistung ist politische Karikatur, die die gesellschaftlichen und politischen Prozesse kritisch und bis zur Kenntlichkeit überspitzt darstellen will, wieder möglich geworden: Wer nur mit den Figuren „Politiker" und „Bürger" arbeitet, wie die „überparteiliche Generalanzeiger-Presse", aber keine Arbeiter und Unternehmer, keine Ausbeuter und keine Ausgebeuteten ins Bild bringt, kann die wesentlichsten Triebkräfte der Politik – Klassen und Klassenkämpfe – nicht darstellen. Die Wahrheit ins Bild zu bringen, dieser Realismus ist auch für den Karikaturisten Gebot. Daß es dabei nichts zu lachen gäbe, ist ein Gerücht, das die sieben Künstler dieser Ausstellung glaubhaft widerlegen. Meint Guido Zingerl: „Im Klassenkampf darf man auch lachen. Lachen stärkt und verbindet die eigenen Reihen." Und Walter Kurowski: „Vom Lacherfolg zum Lernerfolg ist es dann nicht mehr weit."

Nützlich im Klassenkampf/Elefanten-Press-Galerie:

Politische Karikaturen

Die Plakate am Eingang der Elefanten-Press-Galerie waren bereits in der ersten Nacht nach der Eröffnung der Ausstellung „Politische Karikatur in der BRD und Westberlin“ heruntergerissen. Nicht zuletzt dieser Hinweis gibt Aufschluß über die Wirksamkeit, die politische Karikatur für die demokratische und sozialistische Bewegung hat. Interessierte sollten nicht versäumen, die Ausstellung, in der Hachfeld, Kurowski, Ploog, Poth, Siegert, Volland und Zingerl ihre Arbeiten vorstellen, zu besichtigen.

Der Karikaturist, der das gefräßige Krokodil mit Melone zum Synonym für das nimmersatte Großkapital gewählt hat, heißt Walter Kurowski. Der Oberhausener beschäftigt sich mit der Thematik der Lehrlingsausbildung und vor allem -ausbeutung. Durchsichtig gemacht wird die Phraseologie der Unternehmer und Lehrherren. Der Lehrling indes, meist als sympathisches, strubbeliges Männchen dargestellt, das mal wie ein nasser Lappen ausgewrungen, mal unter einem Druckstock zerpreßt wird, beginnt sich zur Wehr zu setzen. Dies geschieht verschmitzt, aber meist individuell. In wenigen Grafiken Kurowskis erscheinen die Auszubildenden als Kraft, die sich mit Gleichgesinnten zusammentun, um Ausbildung statt Ausbeutung zu fordern.

Arno Ploogs Plakat für die DGB-Gewerkschaftsjugend

Weiter gehen da Blätter Arno Ploogs, der seine Kunst gleicher Thematik widmet. „Gemeinsam geht es besser“, ist die Devise seiner Karikaturen. Ploog arbeitet hauptsächlich für progressive Gewerkschaftsblätter, und so merkt man seinen Zeichnungen an, daß sie wesentlich konkreter für den gewerkschaftlichen Zusammenschluß sind. So entstand eines seiner direktesten und bekanntesten Plakate, das zentral von der DGB-Gewerkschaftsjugend verbreitet wurde. „Du gehörst Dir — nicht den Bossen“ sein Titel. Zusammen mit der Publizierung dieses Slogans illustrierte Ploog eine DGB-Broschüre, die die jungen Kollegen über ihre Rechte im Betrieb aufklärte. Der Frankfurter Künstler bemüht sich auf diese Weise, massenwirksame Medien zu nutzen, um mit Hilfe der Karikatur aufklärerisch tätig zu sein.

Die Eigenschaft der Karikatur, bloßzustellen und zu entlarven, ergibt sich durch zugespitzte Sichtbarmachung bestimmter Wesenszüge des dargestellten Vorgangs oder Charakters. Rainer Hachfeld benutzt diese Möglichkeit in voller Schärfe. Deutlich wird das beispielsweise in seinen Lateinamerika-Zyklen, die direkt Bezug nehmen auf die Ereignisse in Chile. Da wird die wahre Fratze des Imperialismus knallhart aufgezeigt, der gierige Polyp ITT und United Fruit, der Totentanz von Generalität und Kirchenfürsten auf Menschenschädeln. Doch bei aller Qualität der Aussage bleibt Hachfeld bei der Darstellung des Imperialismus und seiner Helfershelfer stehen, vernachlässigt insoweit die demokratischen und sozialistischen Gegenkräfte, die gerade in Chile stärker denn je waren.

Wesentlich zuversichtlicher erscheinen die Karikaturen Guido Zingerls, der sich bemüht, die Millionen zu benennen, die stärker sind als die Millionäre. Zingerl schuf mit dem „Bayerischen Hiasl“, von dem leider viel zu wenige Zeichnungen ausgestellt sind, eine Gestalt, die Prototyp des fortschrittlichen volkstümlichen Lohnabhängigen gegen Lohnräuber und Preistreiber ist. In seinen Karikaturen verspürt man das Anwachsen des Selbstbewußtseins der Arbeiterklasse und ihrer Partei.

Ruprecht Frieling

„Die Wahrheit“, 1974

EINE

DEFINITION

Karikatur ist die bewußt vorgenommene Verzeichnung (Deformation) eines in der sozialen (gelegentlich auch in der natürlichen) Realität existierenden Objekts. Die künstlerischen Möglichkeiten reichen dabei von der karikaturistischen Betonung nur eines Details bis zur völligen, mitunter schon ins Groteske gehenden Gestaltung. Der Vorgang des Karikierens, dem ein schöpferischer Akt praktisch-künstlerischen Aneignens und Erkennens des betreffenden Gegenstandes zugrunde liegt, zielt auf die verdeutlichende Hyperbolisierung (Übertreibung) von Momenten oder Zügen, die im Objekt bereits angelegt sind, jedoch in der äußeren Erscheinung zunächst noch ruhen. Der Karikierende will durch ein neues sinnlich-konkretes Abbild des Objekts eine vertiefte Erkenntnis des Wesens bzw. einiger gesellschaftlich interessierender Züge vermitteln. Für die beabsichtigte rezeptive Wirkung ist es wichtig, daß die übertreibende Umformung das karikierte Objekt dabei nicht unkenntlich macht, sondern im Gegenteil seine Kenntlichkeit steigern und vertiefen hilft. Zwischen dem karikierenden Subjekt und seinem Gegenstand (Objekt) liegt ein vielfältiges, ästhetisches Spannungsfeld, in dem sich das parteinehmende, parteiliche Verhältnis zu letzterem äußert. Danach kann die Karikatur in Wort, Bild oder gestisch-mimischer Darstellung den antagonistischen Widerspruch zu der betreffenden sozialen Erscheinung und die immanente Kampfansage ihr gegenüber ausdrücken, womit sie zur Aussageform der Satire wird, oder sie ist von einer grundsätzlich positiven Haltung gegenüber ihrem Gegenstand bestimmt, womit sie zu einer künstlerischen Betätigung des Humors wird. Aus diesem konkreten Verhältnis ergeben sich die künstlerischen Mittel und Techniken einer fortschrittlich-demokratischen und sozialistischen Kunst der Karikatur. Die Praxis progressiv-demokratischen und sozialistischen Karikierens ist stets mit einem intensiven Eindringen in die objektiven gesellschaftlichen Voraussetzungen des Gegenstands verbunden, da die karikaturistische Gestaltung jedesmal zugleich gesellschaftliche, mithin politische Wertung ist. Im politischen Kampf kann der fortschrittlichen Karikatur eine starke entlarvende und mobilisierende Kraft innewohnen, indem sie das Anachronistische, das Volksfeindliche ins Bild setzt und zugleich das Gefühl der geschichtlichen Überlegenheit der progressiven Kräfte vermittelt.

Dabei kann das karikaturistische Verfahren je nach der Eigenart des Gegenstandes mehr das heitere Verlachen herausfordern oder die Emotion des Zornes auslösen. Die Massenwirkung der Karikatur beruht auf ihrem operativen, signalhaften Vermögen, auf dem menschlichen Vergnügen am übertreibenden Umgestalten und vertieften Wiedererkennen, auf der Dialektik von Identifizierung und Distanzierung vermittels des sinnlich-konkreten Abbildes.

(Aus: Kulturpolitisches Wörterbuch, Berlin, Dietz-Verlag 1970)

Literatur

Bliesener, Erich: Europäische Integration als Thema der Karikatur, Heidelberg 1962
Die politische Karikatur „tendenzen“ Nr. 83, 13. Jhg., München 1972

Heuss, Theodor: Der Deutsche in seiner Karikatur Stuttgart 1963

Daumier, Honoré: Ausstellungskatalog der Neuen Gesellschaft für bildende Künste, West-Berlin 1974

Engel, Hans: Karikaturen, Zeichen Ravensburg 1958

Fuchs, Eduard: Die Karikatur der europäischen Völker Berlin 1906

Freud, Sigmund: Der Witz und seine Beziehung zum Unbewußten, Frankfurt/M. 1960

Grosz, George: Das Gesicht der herrschenden Klasse Frankfurt/M. 1972 (2 Bd.)

Gillray, James: Klassiker der Karikatur 3 Berlin 1970

Hartwig, Helmut
Ria, Karl: Politische Ästhetik und Öffentlichkeit Wißmar 1974

Helmrich, Elisabeth
Neumann, Ursula: 50 Jahre Sowjetunion im Spiegel ihrer Karikatur, München 1967

Heine, Thomas T.: Klassiker der Karikatur 1 Berlin 1970

Heiß, Robert: Wort, Begriff und Bild in: Bild und Begriff, München 1963

Hoffmann, Werner: Die Karikatur von Leonardo bis Picasso Wien 1956

Holm, Ingeborg
Wagler, Ekehard: Karikaturen von A. Paul Weber in: Film-Bild-Ton 10/1968

Ironimus: Karikaturen aus den Jahren 1960–1970 Wien/München/Zürich 1970

Krüger, Werner:	Die Karikatur als Medium der politischen Bildung, Opladen 1969
Kunst der bürgerlichen Revolution von 1830 bis 1848/49:	(Ausstellungskatalog der Neuen Gesellschaft für bildende Kunst), West-Berlin, 1972
McLuhan, Marshall:	Die magischen Kanäle Frankfurt/M.-Hamburg 1970
Müller, Ursula:	Karikatur im Kunstunterricht in der Oberstufe eines Gymnasiums West-Berlin 1973 (Staatsexamensarbeit)
Métraux, Peter:	Die Karikatur als publizistische Ausdrucksform, untersucht am Kampf des „Nebelspalters" gegen den Nationalsozialismus (1933–45) Berlin 1966
Merde:	Brandes/Sylvester (Hg.) Karikaturen der Mairevolte Frankreich 1968, München 1968
Monsheimer, Otto: Prof. Dr.	Beiheft zu den Karikaturen-Lichtbildreihen R 608 und R 609 Institut für Film und Bild in: Wissenschaft und Unterricht, München o. J.
Politische Karikatur in der BRD und W.-Bln.:	Ausstellungskatalog, Elefanten Press Galerie (Hg. T. Fecht) West-Berlin 1974
Radbruch/Daumier:	Karikaturen der Justiz Göttingen 1957
Reumann, Kurt	Das antithetische Kampflied, Diss., Berlin, 1966
Sailer, Anton:	Die Karikatur, ihre Geschichte, ihre Stilformen und ihr Einsatz in der Werbung, München 1966
Skala, Franz:	Die Karikatur im politischen Unterricht in: Deutsche Berufs- und Fachschule Bd. 59, H 1, S. 47 ff, 1963
Stiehl, Johann:	Der Einsatz von Karikatur im politischen Unterricht an Kaufmännischen Berufsschulen Berlin 1971

Ich danke Rainer Hachfeld, Walter Kurowski, Arno Ploog, Chlodwig Poth, Stefan Siegert, Ernst Volland, Guido Zingerl und Peter Wippermann (Layout) für ihre intensive Mitarbeit.
Bei Paul Labowski, Arne Leihberg und Heinz Schönfeld bedanke ich mich für ihre Gesprächsbereitschaft und die freundliche Abdruckerlaubnis der Karikaturen.

Abbildungsnachweis:
Arbeiter Zeitung, Ästhetik und Kommunikation, Betrifft Erziehung, Berliner Extra-Dienst, BILD und BZ (Axel Springer Verlag), Deutscher Gewerkschaftsbund (DGB), bühnengenossenschaft (GDBA), DKP, Deutsche Volkszeitung (dvz), Elefanten Press®, Gewerkschaft Erziehung und Wissenschaft (GEW), Hamburger Morgenpost, Juso-Lehrlingsfibel (1972), Konkret, Kursbuch, Kürbiskern, Metall, MSB Spartakus, Neues Forum, Neue Gesellschaft für Bildende Kunst (NGBK), Ausstellungskatalog „Kunst der bürgerlichen Revolution von 1830–1848/49, Rührt Euch, ÖTV-magazin, Pardon / Verlag Bärmeier und Nikel, pro, ran, SDAJ, Spontan, tendenzen, Unsere Zeit (UZ), Vorwärts, Westdeutscher Rundfunk (WDR).

Fotonachweis:
Ullstein Bilderdienst, West-Berlin, Ullstein-Associated Press (ap), Ullstein-Fotoatelier Tita Binz, „Capital“ 1/74, S. 26, Ullstein-Deutsche Presseagentur (dpa), Ullstein-Dietrich, Ullstein-Károly Forgács (Budapress), Ullstein-Hamann, Ullstein-Moses, Ullstein-Perez, Ullstein-Rogge, Ullstein-Slominski.

Um einstweilige Anordnungen gegen dieses Buch und Prozeßkosten für die Beteiligten zu umgehen, können einige Zeichnungen und Plakate nicht abgebildet werden. Es handelt sich dabei fast ausschließlich um Arbeiten, die eine Verbindung zwischen namhaften Politikern und Persönlichkeiten einerseits und Faschismus bzw. Nazi-Symbolen andererseits herstellen.
Der Herausgeber

Paul Nizan
Für eine neue Kultur
Aufsätze zu Literatur und Politik
in Frankreich [27]

John Barth
Ambrose im Juxhaus
Fiktionen für den Druck, das Tonband
und die menschliche Stimme [28]

Ronald Fraser
Im Versteck [29]

Lu Hsün
Der Einsturz der Lei-feng-Pagode
Essays über Literatur und Revolution
in China [32]

Heinz Brüggemann
Literarische Technik und soziale
Revolution
Versuche über das Verhältnis von
Kunstproduktion, Marxismus und
literarischer Tradition in den theoretischen
Schriften Bertolt Brechts [33]

Ron Padgett
Große Feuerbälle [34]

Hartmut Lange
Die Revolution als Geisterschiff
Massenemanzipation und Kunst [36]

Günter Wallraff / Jens Hagen
Was wollt ihr denn, ihr lebt ja noch
Chronik einer Industrieansiedlung [37]

Literaturmagazin 1
für eine neue Literatur – gegen den
spätbürgerlichen Literaturbetrieb
Hg.: Hans Christoph Buch [38]

Renate Rasp
Chinchilla
Leitfaden zur praktischen Ausübung [39]

Klaus Staeck
Die Reichen müssen noch reicher werden
Politische Plakate [40]

Wolfgang Harich
Jean Pauls Revolutionsdichtung
Versuch einer neuen Deutung seiner
heroischen Romane [41]

Thomas Pynchon
Die Versteigerung von N° 49
Roman [42]

Maurice Godelier
Anthropologie und Ökonomie
Kritische Analysen zum Begriff der sozia-
len Struktur primitiver Gesellschaften [43]

Gustav von Wangenheim
Da liegt der Hund begraben
und andere Stücke
Aus dem Repertoire der ‹Truppe 31› [44]

John Berger
Glanz und Elend des Malers
Pablo Picasso [45]

Rolf Hochhuth
Lysistrate und die Nato
Komödie [46]

Joris Ivens
Die Kamera und Ich
Autobiographie eines Filmers [47]

Burkhard Driest
Die Verrohung des Franz Blum
Bericht [48]

Literaturmagazin 2
Von Goethe lernen?
Fragen der Klassikrezeption
Hg.: Hans Christoph Buch [49]

Proletarische Lebensläufe
Autobiographische Dokumente
zur Entstehung der Zweiten Kultur
in Deutschland
Band I: Anfänge bis 1914
Hg.: Wolfgang Emmerich [50]

Jürgen Theobaldy
Blaue Flecken
Gedichte
Mit Zeichnungen von Berndt Höppner
[51]

Walter Fähnders / Martin Rector
Linksradikalismus und Literatur
Untersuchungen zur Geschichte
der sozialistischen Literatur in der
Weimarer Republik
2 Bde. / Bd. 1 [52], Bd. 2 [58]

Günter Seuren
Der Jagdherr liegt im Sterben
Gedichte [53]

Viktor Šklovskij
Sergej M. Ejzenštejn
Mit zahlreichen Abbildungen [55]

James Agee / Walker Evans
Zum Lob großer Männer
Mit zahlreichen Fotos [56]

Literaturmagazin 3
«Die Phantasie an die Macht»
Neue literarische Utopien
Hg.: Nicolas Born [57]

Politische Karikaturen in der BRD
Hg.: Thomas Fecht [59]

aktuell rororo

Herausgegeben von Freimut Duve

Politik in der Bundesrepublik

CARL AMERY / JOCHEN KÖLSCH (Hg.) Bayern – ein Rechts-Staat? Das politische Porträt eines deutschen Bundeslandes [1820]

EMIL BANDHOLZ Zwischen Godesberg und Großindustrie oder Wo steht die SPD? [1459]

NORBERT BLÜM Reaktion oder Reform. Wohin geht die CDU? [1503]

KARL-HERMANN FLACH / WERNER MAIHOFER / WALTER SCHEEL Die Freiburger Thesen der Liberalen [1545]

ERICH FRISTER / LUC JOCHIMSEN (Hg.) Wie links dürfen Lehrer sein? [1555]

NORBERT GANSEL (Hg.) Überwindet den Kapitalismus oder Was wollen die Jungsozialisten? [1499]

IMANUEL GEISS / VOLKER ULLRICH (Hg.) 15 Millionen beleidigte Deutsche oder Woher kommt die CDU? [1414]

VOLKER MAUERSBERGER (Hg.) Wie links dürfen Jusos sein? Vom Bürgerschreck zur Bürgerinitiative [1769]

JÖRG RICHTER (Hg.) Klassenkampf von oben? oder Angstmacher von rechts. Dokumente und Analysen eines gescheiterten Wahlkampfes [1658]

HUGO RITTER Verrat an der sozialen Marktwirtschaft? [1608]

RUDOLF SCHARPING / FRIEDHELM WOLLNER Demokratischer Sozialismus und Langzeitprogramm. Diskussionsbeiträge zum Orientierungsrahmen '85 der SPD [1713]

HANS SEE Volkspartei im Klassenstaat oder Das Dilemma der innerparteilichen Demokratie. Nachwort von Wolfgang Abendroth [1576]

THESENSTREIT UM ‹STAMOKAP› Die Dokumente zur Grundsatzdiskussion der Jungsozialisten [1662]

Bildung

HOLGER ASCHE / JÜRGEN LÜTHJE / ERICH SCHOTT Der numerus clausus oder Wer darf studieren? [1659]

BERLINER AUTORENGRUPPE (Hg.) Kinderläden. – Revolution der Erziehung oder Erziehung zur Revolution? [1340]

REINHARD CRUSIUS / WOLFGANG LEMPERT / MANFRED WILKE (Hg.) Berufsausbildung – Reformpolitik in der Sackgasse? Alternativprogramm für eine Strukturreform [1768]

HILDEGARD HAMM-BRÜCHER Aufbruch ins Jahr 2000 oder Erziehung im technischen Zeitalter [983]

LUC JOCHIMSEN Hinterhöfe der Nation – Die deutsche Grundschulmisere [1505]

REINHARD KÜHNL (Hg.) Geschichte und Ideologie. Kritische Analyse der bundesdeutschen Geschichtsbücher [1656]

HOLGER H. LÜHRIG (Hg.) Wirtschaftsriese – Bildungszwerg. Der Diskussionshintergrund zum Bildungsgesamtplan 1973: Analysen des OECD-Reports [1660]

EKKEHARD NUISSL / ROLF RENDTORFF / WOLF-DIETRICH WEBER Scheitert die Hochschulreform? Heidelberg zum Exempel [1706]